Was wachsen will
muss Schalen abwerfen

Cover: Isabelle Krötsch

Herstellung und Verlag:
BoD- Books on Demand, Norderstedt, Allemagne
ISBN: 9783753496351

9 783753 496351

Kerstin Chavent

Was wachsen will
muss Schalen abwerfen

Die Enthüllung eines Krustentieres

Bisher erschienen

Die Enthüllung. Neue Normalität oder neues Bewusstsein?
Futurum 2021

Voyager Léger, BoD 2020

In guter Gesellschaft. Wie Mikroben unser Überleben sichern,
Scorpio 2020

Sur la Place, BoD 2020

Nur Mut! Wenn wir uns verändern, verändert das die Welt,
Rubikon-Betriebsgesellschaft 2019

Und freitags kommt der Austernwagen, BoD 2019

Die Waffen niederlegen. Die Botschaft der Krebszellen verstehen,
Scorpio 2019

La feuille qui ne voulait pas tomber de l'arbre, BoD 2018

*Das Licht fließt dahin, wo es dunkel ist. Zuversicht für eine neue
Zeit,* Europa-Verlag 2017

Traverser le miroir. De la peur du cancer à la confiance en la vie,
L'Harmattan 2016

*La maladie guérit. De la pensée créatrice à la communication
avec soi,* Quintessence 2014

*Krankheit heilt. Vom kreativen Denken und dem Gespräch mit
sich selbst,* Omega 2014

*Spanisch lernen mit guten Freunden. Ein besonderes Lern- und
Wörterbuch,* Kindle 2011

Für meine Familie

Inhalt

Vorwort zur 2. Auflage

Seit vielen Jahren schon befreit sich das, was wachsen will, aus einem zu eng gewordenen Kokon. Immer wieder werden alte Häute abgestreift und überflüssig Gewordenes aufgelöst. Der Schmetterling breitet die Flügel aus. Ist er bereit, zu fliegen?

Wir leben in einer Zeit, in der die Welt Kopf steht und viele unserer alten Gewissheiten zusammenbrechen, einer Zeit der Unsicherheit, in der niemand mit Bestimmtheit sagen kann, wie das Neue aussehen wird, das gerade dabei ist, sich aus dem Alten herauszuschälen. In einer Zeit, in der wir individuell und kollektiv dabei sind, eine neue Welt zu gestalten, möchte ich Mut machen, sich noch einmal mit Vergangenem auseinanderzusetzen.

Wie war die Familie, in die wir hineingeboren wurden? Erinnern wir uns an ihre Geschichten, daran, was unsere Vorfahren erlebt haben? Welche Erinnerungen haben wir an unsere ersten Lebensjahre, an die erste Liebe, die ersten Schritte in die Eigenständigkeit? Welche Steine wurden uns auf unserer Lebensreise in den Weg gelegt? Wie sind wir damit umgegangen? Wo stehen wir heute? Wie wollen wir leben? Was ist uns wirklich wichtig?

Auch wenn wir nicht wissen, wohin wir gehen, so wissen wir vielleicht ein wenig, woher wir kommen. Wie haben wir uns entwickelt, ausgewickelt, freigemacht von dem, was uns einengte? Haben wir die Schichten abgetragen, die uns von dem trennen, was wir wirklich sind? Erinnern wir uns an das wundervolle Wesen, das in uns wohnt? Haben wir Zugang zu der Kraft, die in jedem von uns pulsiert und die alles möglich macht, auch ein Überwinden der größten Schwierigkeiten?

Ich möchte mit meiner Geschichte zeigen, dass wir unsere Lebensgeschichte selber schreiben. Mögen gewisse Dinge vorgegeben sein – es liegt an uns, wie wir sie leben und wie wir mit ihnen umgehen. Nichts zwingt uns dazu, Opfer der Ereignisse zu sein, wie schwer sie auch auf uns lasten mögen. Immer wieder habe ich erfahren, dass eine vermeintliche Katastrophe sich als ein Segen herausstellen kann und dass wir selber es sind, die die Tonart unserer Lebensmelodie bestimmen. Ich habe erfahren, dass es meine Haltung ist, die darüber entscheidet, wie sich die Dinge entwickeln. Und ich habe erfahren, dass ein neuer Anfang jederzeit möglich ist. Es ist möglich, dass Krankes heilt und Gespaltenes wieder zusammenwächst, dass Blockierungen überwunden und Verbindungen wiederhergestellt werden. Doch es reicht nicht, es zu wollen. Um wirklich heile zu werden, müssen wir unser Fühlen, unser Sehnen, unser Denken und unser Handeln zusammenbringen. Wenn uns das gelingt, dann kann auch unsere Welt wieder ganz werden und heilen.

Mögen viele sich davon inspiriert fühlen, bei sich selbst auf die Suche zu gehen und Verhülltes ans Licht zu bringen. Ich wünsche mir, dass viele Menschen sich die Maske vom Gesicht nehmen und sich nicht mehr verstecken. Ich wünsche mir, dass wir uns an das Licht erinnern, aus dem wir kommen und in das wir immer wieder gehen. Ich wünsche mir, dass wir uns so zeigen, wie wir sind, als verletzliche und einzigartige Wesen auf dem Weg nach Hause.

Vor diesem Hintergrund möchte ich zu einer Reise einladen, die vom Norden Deutschlands über Spanien nach Südfrankreich führt. Es geht um Aufbruch und Liebe, um Leben und Tod, um Loslassen und Neuanfang. Es geht um den Versuch, fliegen zu lernen.

Stein auf Stein

Vor langer Zeit, so erzählt die Legende, hütete ein Junge seine Schafe in der kargen Hochebene des Languedoc. Seine Familie war arm und die Mutter konnte ihre Kinder kaum durch den Winter bringen. So oft er konnte, opferte der junge Hirte ein Tier aus seiner Herde und ließ es den Fluss abwärts treiben, bis es die Mutter unten im Tal, wo sich ihre Behausung befand, in Empfang nahm. Doch im Frühjahr, als die Schmelzwasser den Fluss zu einem reißenden Strom haben ansteigen lassen, zog die Mutter kein Lamm aus der Strömung, sondern ihre ertrunkenen Jungen. Sie war darüber so betrübt, dass sie untröstlich zu weinen begann und gar nicht wieder aufhören konnte. Damit gab sie der Grotte ihren Namen: Clamouse, die Klagende. Wer besonders aufmerksam ist, kann ihr Wehklagen heute noch hören. Bei starken Regenfällen steigt der unterirdische Fluss in der Grotte gelegentlich so hoch an, dass er wie ein Wasserfall aus der Felsspalte herausschießt und die Straße nach Saint-Guilhem-le-Désert für eine Zeitlang unpassierbar macht. Dann sagen die Leute: Die Clamouse weint um ihr Kind.

Heute weint die Clamouse nicht und die Straße nach Saint-Guilhem ist frei. In der Wärme des frühen Sommertages verströmen wilder Thymian und Lavendel ihren Duft und umschmeicheln das Immergrün der Steineichen, Wacholderbüsche und Olivenhaine, die die karge, steinige Landschaft der Garrigue durchziehen. Nach einer langen Wanderung mache ich unterhalb der Grotte eine Pause am Fluss.

Ich habe einen breiten Felsen in der Nachmittagssonne bezogen, den Rücken an die Steinwand hinter mir gelehnt. Unter mir windet sich der Hérault durch die zerklüfteten Schluchten und leuchtet tiefblau und smaragdgrün zwischen den weißen Kalkfelsen. Zufrieden döse ich vor mich hin, als mich eine raue Stimme weckt.

„Pardon, stört es Sie, wenn ich mich auch hierhin setze?" Etwas verstimmt blicke ich auf. Ich glaubte mich alleine und habe hier niemanden erwartet. Von der Sonne geblendet erkenne ich die Umrisse einer hohen Gestalt. Träume ich? Wie ein Trugbild erhebt sie sich vor mir. Ich erahne den klaren und aufmerksamen Blick einer Frau. Überrascht richte ich mich auf. Der Stimme nach habe ich einen Mann erwartet. Die Erscheinung vor mir ist hochgewachsen und kräftig. Das Auffallendste an ihr ist das Haar: Wie ein sprühendes Feuerwerk umrahmen wilde, rote Locken das Gesicht und geben ihrem Aussehen etwas Ungezähmtes.

„Wenn Sie möchten, setzten Sie sich gerne hierher. Es stört mich gar nicht", lüge ich. Umständlich rutsche ich ein wenig zur Seite und sitze etwas weniger bequem. Sie folgt meiner Einladung.

„Ich hoffe, ich erscheine Ihnen nicht allzu aufdringlich. Es ist eigentlich nicht meine Art, jemanden einfach so anzusprechen."

Meine Ungehaltenheit verfliegt. Was tut sie hier? Sie sieht nicht so aus, als würde sie Urlaub machen. Ist sie Höhlenforscherin? Auf dem Jakobsweg unterwegs? Sie scheint etwas unbeholfen, so als sei die das Alleinsein gewöhnt.

Sie schaut mich mit interessiertem Blick an: „Sie sind nicht von hier, oder?"

„Nein. Ich komme aus dem Norden."

Ein paar Libellen tanzen über die Wasseroberfläche und meine Gedanken fliegen nach Hause. Zu meinem alten Zuhause.

„ Was hat Sie hierher gezogen?"

„Oh, vieles. Das Licht, die Wärme, die Natur, die Landschaften, die rote Erde, die Menschen, ... und Sie? Warum sind Sie hier?"

„Die Steine." Mit einer Kopfbewegung weist sie hinter sich in Richtung Grotte. Ich muss lächeln. Ihre raue Stimme, ihre direkte, etwas unbeholfene Art – das passt gut zu der karstigen

Welt der Höhlen, Schluchten und Canyons in dieser Gegend. „Steine bergen viele Überraschungen. Sie scheinen plump und banal. Man hält sie für tot. Doch sie leben! In ihrer rauen Schale können sie Kostbares verbergen und viele von ihnen haben heilende Kräfte. Um es zu entdecken, braucht man Zeit. Und man sollte sich nicht von Äußerlichkeiten abschrecken lassen." Ich seufze. „Da haben Sie sicher Recht. Doch mir fehlt es leider oft an Zeit. Meistens laufe ich ihr hinterher. Sie nicht?" „Nein. Ich habe Zeit. Schließlich gibt es genug davon." „Stimmt. Man muss sie sich eigentlich nur nehmen. Immerhin tue ich das jetzt gerade. Ich genieße es, einfach nur in der Sonne zu sitzen." „Und ich habe Sie dabei unterbrochen."

Wir sehen uns freundlich an. In ihrem Blick liegt etwas Vertrautes. Angenehm und gleichzeitig verwirrend. Wer ist sie? Warum hat sie sich ausgerechnet meinen Felsen ausgesucht? Was will sie von mir? Oder sucht sie einfach nur Unterhaltung? „Was führt sie heute hierher?" Ich versuche, der Sache auf den Grund zu gehen.

„Ich war in der Höhle beschäftigt. Und Sie?"

Ich denke einen Augenblick nach. Die Lust auf eine Pause nach einer langen Wanderung? Jeder einzelne meiner Lebensschritte? Unter mir gluckst und plätschert das Wasser, als plauderte es von den Ereignissen und Entscheidungen meines Lebens, die sich so aneinandergereiht haben, dass ich heute da bin, wo ich bin.

„Haben Sie Lust zu erzählen?"

Erstaunt blicke ich sie an. „Wie meinen Sie das?"

„Denken Sie nicht gerade daran, wie es gekommen ist, dass Sie heute genau hier an dieser Stelle sitzen?"

Wie kann Sie das wissen? „Ja. Das stimmt. Ich denke gerade daran, wie ein Ereignis das andere nach sich gezogen hat und alles vielleicht immer darauf hinausläuft, dass wir in einem bestimmten Moment genau dort sind, wo wir zu sein haben."

„Zufall oder Schicksal?"

„Das kann jeder für sich entscheiden. Für mich sind die Dinge in jedem Fall miteinander verbunden. Nichts geschieht ohne Zusammenhänge, einfach so. Zumindest kann ich mir das nicht vorstellen."

„Möchten Sie den Faden in die Hand nehmen und erzählen? Aber vielleicht finden Sie mein Angebot unpassend."

„Unpassend nicht gerade. Aber überraschend. Sie kennen mich doch gar nicht."

„Eben deswegen. Ich mag Geschichten. Und ich kann gut zuhören."

In der hellen Nachmittagssonne hat diese Unterhaltung für mich etwas Unwirkliches. Gleichzeitig finde ich Gefallen an ihr. „Ich mag auch Geschichten. Aber meistens höre ich den Erzählungen anderer zu. Als Kind saß ich oft bei meiner Großmutter und habe sie nach ihrem Leben ausgefragt. Wenn ich Glück hatte, holte sie die abgeschabte Kiste mit ihren Erinnerungen hervor: alte Fotos, Briefe, Papiere, alle möglichen Gegenstände. Selbst das Kleid, das sie zur Hochzeit ihrer ältesten Schwester getragen hatte. Ich habe diese Momente geliebt. Sie erzählte von Gewittern, vor denen sie ihr ganzes Leben schreckliche Angst hatte, von Dorfbränden und davon, wie Urgroßmutter mit bloßen Händen die Fensterscheiben der Ställe eingeschlagen hat, um die Tiere zu befreien. Immer wieder konnte ich diese Geschichten hören."

„Vielleicht sind heute Sie dran mit erzählen. Natürlich nur, wenn Sie wollen."

„Aber wo soll ich anfangen?"

„Vielleicht von vorne?"

Meine Bedenken, ob diese Situation normal ist oder nicht lösen sich auf. Hier geht es um zwei Frauen am Fuße einer Grotte auf einem Felsen in der Nachmittagssonne. Zwei Frauen mit Zeit am Ufer des Flusses. Zwei Frauen, die, so scheint es mir, nicht nur diesen Moment gemeinsam haben, sondern noch etwas anderes miteinander teilen. Ich weiß nicht, was es ist. Aber ich habe Lust auf diese Reise. In meiner Erinnerung erscheint ein stilles Mädchen mit dünnen Haaren, von der Mutter immer sehr kurz geschnitten, damit sie eines Tages kräftiger nachwachsen mögen. Stundenlang kann es sich damit beschäftigen, einen Faden durch das Geflecht eines Stuhlrückens zu ziehen oder die Fransen einer Tischdecke zu ordnen. Ein schüchternes Ding, das sich immer etwas fehl am Platz fühlt und als Fliegenpilz zum Fasching kommt, weil ein Fliegenpilz nicht tanzt.

„Wollen Sie das wirklich hören?"

„Ja."

Ein Schmetterling schaukelt vorbei und ich setze mich etwas bequemer hin.

Ich komme mitten in der Einmachzeit auf die Welt. Meine Mutter kann es kaum erwarten, dass ich endlich ankomme. Bis zur letzten Minute kocht sie Obst und Gemüse ein und hilft meiner Großmutter drüben beim Bohnenschnippeln. Sie beißt die Zähne zusammen, niemand soll sehen, wie erschöpft sie ist und welche Schmerzen sie hat, vor allem nicht die zickige Hebamme.

Mein Vater wartet auf der Allerbrücke auf mich. Kurz vor Mitternacht bin ich da. Ein zurückhaltendes, folgsames Mädchen, das sich zu benehmen weiß. Ich bin oft bei meinen Großeltern drüben: Die klappernden Töpfe auf dem alten Kohleofen, der Großvater auf der Holzkiste daneben, die Ellbogen auf den Knien seine Zigaretten schmökend, die Großmutter in ihrer Schürze am Küchentisch, immer etwas schnippelnd und kostend.

Zum Schlafen werde ich in ihr Ehebett gelegt, über dessen gesamter Breite ein Bild mit einem großen hellgewandeten

Schutzengel thront, der zwei Kinder bei Gewitter über eine brüchige Brücke leitet.

Oft höre ich meiner Großmutter am Abend zur blauen Stunde zu, wenn sie von den alten Zeiten erzählt. Sie erinnert sich gerne an früher und trauert ihren jungen Jahren hinterher, die sie an den Krieg verloren hat. Sie erzählt viel und bereitwillig - nur nicht von dem kleinen Jungen, ihrem ersten Sohn, der ein Jahr vor der Geburt meines Vaters starb. Nur ein kleines trauriges Bild hängt wie verschämt in einer dunklen Ecke des Wohnzimmers.

Ich bekomme eine kleine Schwester. In der ersten Klasse komme ich wegen meines ständigen Hustens in eine Kinderkur an die Ostsee, in der zweiten mit einem Leistenbruch ins Krankenhaus, in der fünften mit Mühe und Not ans Gymnasium und in der sechsten bleibt unsere Seilbahn im Urlaub in Südtirol stecken. In der siebten Klasse verliebe ich mich in einen Jungen, den ich wegen seiner langen Haare für ein Mädchen gehalten hatte. Als er in meine Klasse kommt, geht er mit jeder, nur mit mir nicht. Im Winter hoffe ich jeden Morgen, den Bus zu erwischen, in dem er sitzt. Jeden Mittag versuche ich, einen Platz neben ihm in den hinteren Bänken zu bekommen. Im Sommer bin ich zu Umwegen mit dem Fahrrad bereit, nur um ihm zu begegnen. Ich himmele ihn an, ich bete ihn an, wie niemanden vor ihm - und niemanden danach.

Ich tröste mich mit den Jungs im Dorf und lebe zwischen zwei Welten: wohlgeordnet die eine und unerreicht die andere. Zum Abitur verliebe ich mich in einen, der zu keiner davon gehört. Wir trampen einen Sommer lang durch Griechenland und als wir zurückkommen, weiß ich immer noch nicht, was ich beruflich machen will. Innenarchitektin? Psychologin? Doch vor dem Studieren will ich etwas Praktisches, Solides machen: eine Lehre. Eine Freundin hat gerade eine Ausbildung als Bauzeichnerin angefangen und ich lasse mich von ihr inspirieren.

Schon in der ersten Woche weiß ich, was ich auf gar keinen Fall machen will: in einem Büro arbeiten. Doch was man angefangen hat, bringt man auch zu Ende. Ich mache meiner guten Erziehung Ehre, führe eine Strichliste, auf der ich jeden Tag abhake und halte zwei Jahre lang durch. Darüber geht meine Beziehung zu Ende. Ich habe mich in seinen Bruder verliebt, als der nach sechs Monaten Wandern im Hohen Atlas verstaubt und verwegen in der Tür steht. In den Ferien lasse ich den einen beim Trecking in Norwegen stehen und trampe mit dem anderen nach Paris. Ich weiß immer noch nicht, was ich will. Erst mal Au-pair? Soziologie studieren? Oder vielleicht Psychologie? Als ich eines Abends vom Architekturbüro nach Hause radele, schießt es mir in den Kopf: Lehrerin! Das ist es! Aber was kann ich unterrichten? Was mit Sprachen. Französisch. Das mochte ich immer. Und was dazu? Italienisch vielleicht? Kann ich nicht. Spanisch? Kann ich auch nicht, ist aber im Kommen. Meine Entscheidung steht augenblicklich fest!

Ich verlasse mein Dorf, mein Zuhause und die Wiesen dahinter und ziehe nach Hamburg. Der Hafen zur Welt! Neben meinem Vater und einem Umzugsanhänger stehe ich in einem selbstgestrickten neongrünen Mohairpullover mit Löchern und passenden Strümpfen dazu vor einer Hinterhofwohnung mit Balkon in Barmbek.

Meine Mitbewohnerin hat ein feines, sensibles Wesen und wird die Schutzherrin des zarten Flaums meiner sich eben entfaltenden Flügel. An der Universität lerne ich nicht sprechen, dafür aber „Zum Gebrauch konditioneller Phrasenverknüpfungen mit und oder mit oder", dass es nicht dasselbe ist, wenn Rentner und Studenten oder Rentner oder Studenten freien Zugang zum Schwimmbad haben.

Schnell wird mir klar, dass ich ins Ausland muss. Doch ich fühle mich in Hamburg schon herausgefordert genug - wie soll das in

Paris oder Madrid werden? Ich brauche fast zwei Jahre, um mich aufzuraffen, für ein halbes Jahr nach Madrid zu gehen. Vor dem Abflug verbringe ich ein paar Tage bei meiner Familie. Mein Großvater ist mit etwas nicht wirklich Ernsthaftem im Krankenhaus und ich besuche ihn. Er schläft. Ein großer, breitschultriger und immer noch kräftiger Mann. Ich will ihn nicht aufwecken, schiebe meine Hand in seine und spüre seine Berührung. Ich gehe kurz aus dem Zimmer und als ich zurückkomme, hat sich etwas verändert. Ich kann es nicht sehen, doch es liegt in der Luft. Er liegt unverändert da, doch er atmet nicht mehr. Er ist einfach eingeschlafen, während ich draußen war.

Ein Windhauch kräuselt die Wasseroberfläche.

„Ihre erste Begegnung mit dem Tod." Sie fragt nicht. Sie stellt fest.

„Ja. Aber es war gar nicht schlimm. Ich hatte nicht das Gefühl, dass er leidet. Lag es daran, dass er des Lebens im Grunde überdrüssig war? Das hat er immer wieder gesagt. Er wollte einfach nicht mehr. Mein Urgroßvater ist ähnlich gestorben. Eines Morgens ist er aufgestanden und hat sich besonders sorgfältig zurechtgemacht. Auf die Frage, warum er sich ausgerechnet an diesem Morgen so viel Mühe gibt, antwortete er, dass heute der Tag sei, an dem er sterben wird. Natürlich nahm ihn keiner ernst, zumal er kerngesund war. Doch am Abend war er tot."

Die Sonne ist ein Stück weitergezogen und wir rücken ihr ein Stück hinterher. Diese Erinnerungen sind für mich wie ein kostbares Band zwischen Leben und Tod.

„Doch Sie gehen erst einmal ins Leben hinaus."

Luftschlösser

Ich steige ins Flugzeug, ohne die Beerdigung abzuwarten, traurig und neugierig. Frisch enttäuscht von einer gescheiterten Liebelei mit einem Händler von gebrauchten Waschmaschinen bin ich fest entschlossen, mich auf gar keinen Fall in einen Spanier zu verlieben.

Genau eine Woche später steht er auf einer Party vor mir: Schwarze Lederhose, rote Brille und eine Platte von Tom Waits unterm Arm. Er schließt gerade sein Jurastudium ab (seriös), ist viel gereist (gebildet, abenteuerlich) und arbeitet nebenher als Fotograph (künstlerisch, verwegen, exotisch, charmant, verführerisch....). Er spricht leicht durch die (entzückende kleine) Nase, ich hänge an seinen (sinnlich wohlgeformten) Lippen und verstehe kaum etwas von dem, was er mir bei unserem ersten Slow ins Ohr flüstert. Er bringt meine Freundin (vermittelt Sicherheit) und mich (was wäre, wenn wir jetzt allein wären!?) im Auto in unser Viertel. Wir trinken noch ein Glas, schreiben Telefonnummern auf Papierfetzen, und vor meiner Wohnung, die ich mit einer Kubanerin, einem Chinesen, einer Spanierin, einem Iraner und zwei anderen Deutschen teile, verlässt er uns. Ich kann kaum atmen vor Aufregung! Das ist sie: Die Liebe auf den ersten Blick!!

Wie soll ich nur weiter leben bis zu unserem nächsten Wiedersehen!? Wird es überhaupt eines geben? Wer wird wen anrufen? Wie lange wartet man damit? Und wenn er anruft, wie soll ich am Telefon verstehen, was er sagt?

Über eine Woche vergeht bis zu seinem Anruf, während der ich Zeit habe, mich mit meiner neuen Umgebung zu beschäftigen. Ich entdecke Madrid und berausche mich an der Stadt. Francos Diktatur ist noch nicht lange vorbei, das Land erwacht aus der Starre und hat vieles nachzuholen. Die Stadt vibriert. Aus der ganzen Welt kommen die Menschen. Sie strömen auf die Plätze, in die Cafés, in denen überall auch schon Hemingway gesessen hat, in die engen überfüllten Bars, durch die man sich nachts schiebt und in denen es immer wieder spontane kleine Konzerte gibt. Überall entstehen neue Kulturstätten. Das Beste für mich: Absolut alles ist Vorwand zum Spanischlernen. Selbst die banalsten Tätigkeiten wie ein Nachmittag vorm Fernseher oder Zigaretten kaufen dienen dem Erwerb kultureller Kompetenzen.

Als er eines Abends endlich anruft, um sich mit mir zu verabreden, jubele ich durch meine bunte Wohngemeinschaft und zähle die Minuten bis zu unserem Treffen. Er führt mich durch Bars, in denen es so eng ist, dass man eng aneinandergepresst wird und einander nur versteht, wenn man sich ganz nah kommt, hält mich mit Cocktails frei und begleitet mich schließlich nach Hause. Leise schleichen wir in mein Zimmer, in dem Herrenbesuch unerlaubt ist. Nicht aus Gründen des Anstands. Jeder, der hier schläft, zahlt extra.

Um mich finanziell über Wasser zu halten, unterrichte ich Deutsch. Meine ersten Gehversuche als zukünftige Lehrerin. Fast jeden Tag gehe ich in den Park zum Lesen. Mein erstes Buch auf Spanisch ist Hemingways „Wem die Stunde schlägt". Doch die meiste Zeit bin ich damit beschäftigt, davon zu träumen, wann wohl die Stunde seines nächsten Anrufs schlägt und wie es wäre, wenn wir einmal einen ganzen Tag für uns hätten.

Als wären unsere Gedanken auf wundersame Weise ineinander verschlungen, schlägt er einen Ausflug nach Segovia vor. Der versinkt zwar im Regen, doch das Wichtigste ist, dass ich mit ihm zusammen bin. Ich esse ohne zu Zaudern, was er mich an Einheimischem kosten lässt – Tintenfische in ihrer Tinte und geröstete Schweineohren - und tue so, als sei mir meine Frisur egal.

Ich liebe ihn, ich liebe dieses Land, diese Stadt, diese Kultur, diese Menschen. De Madrid al cielo – von Madrid aus direkt in den Himmel! In meinem Kopf entsteht eine Grenze, und die geht nicht über den Tag meines Abflugs hinaus.

Am Ende meiner Zeit planen wir einen gemeinsamen Urlaub im Süden. Eine ganze Woche lang zusammen, Tag und Nacht! In der Julihitze fahren wir durch das bratpfannenheiße Extremadura nach Andalusien und sonnen uns die Strände entlang. Doch schließlich stehen wir unweigerlich am Flughafen in Madrid.

Wann werden wir uns wiedersehen? Wie soll es in Zukunft mit uns weiter gehen? Er wird im Sommer sein Studium abschließen und eine kleine Dachwohnung in Lavapiés renovieren. Ich habe noch den größten Teil meines Studiums vor mir und werde die Silberhochzeit meiner Eltern feiern. In einem langen rosa Kleid mit Puffärmeln von Laura Ashley und mit abstehenden Haaren tanze ich Polonäse und Walzer. Doch ich bin in dieser Welt nur noch Gast. Und Madrid? Ich werde in Hamburg weiter studieren. Meine spanische Liebe? Vielleicht hat er mich schon vergessen? In mir jedoch lebt er weiter - in jeder Hinsicht. Ich bin schwanger! Ich kann mir Vieles vorstellen, aber kein Kind! Wie soll das gehen!? Ich in einer WG in Sankt Pauli, er in einer klitzekleinen Dachwohnung, in der Küche und Badezimmer ein und derselbe Raum sind? Sein werden, denn noch ist die Wohnung nur ein Haufen Staub und Schutt. Wie steht er überhaupt zu mir? Ich kann dieses Kind nicht behalten, unmöglich! Meine Entscheidung steht fest. Bevor ich ihn anrufe, schlage ich im Wörterbuch nach, was schwanger auf spanisch heißt.

Am gegenüberliegenden Ufer huscht ein Schatten vorüber. Ein Wildschwein auf der Suche nach dem Abendessen? Ein Raubvogel auf der Jagd nach seiner Beute?

„Sie haben es abgetrieben." Auch dieses Mal fragt sie nicht. Sie stellt es fest.

„Ja, das habe ich getan."
Ich erinnere mich daran, wie er aus Madrid kam und wir in eine Klinik nach Hamburg gefahren sind. Es gab keine Komplikationen, ein banaler Akt. Danach sollte das Leben so weiter gehen wie bisher, als sei nichts geschehen. Ich würde Kinder haben. In ein paar Jahren. Aber zunächst habe ich mit meiner spanischen Liebe Urlaub gemacht, mein Studium wieder aufgenommen und bin so oft wie möglich nach Madrid gefahren. Ohne die geringste Ahnung, was diese Entscheidung für mein Leben bedeuten sollte.

Auf meinem Stein wird es mir langsam unbequem. Es ist genug für heute. Der Anfang ist gemacht. Auf dem Weg nach oben zur Straße denke ich an die naive junge Frau, die ich war. Ich habe mir keine Gedanken darüber gemacht, was ich mit den Ereignissen zu tun hatte, die mir widerfuhren. Ich ließ mich von ihnen überrollen oder mitreißen. Ich konnte nur hoffen, dass mir das Richtige vor die Füße fallen würde.
Ich bat den Himmel, mir einen Prinzen zu schicken und ein glückliches Leben zu bescheren und vertraute darauf, dass es auch so kommen würde, wenn ich mich nur richtig verhielt. So, wie ich es in meiner guten Kinderstube gelernt hatte. Meine Zukunft stellte ich mir entsprechend des Vorbilds vor, das ich von zu Hause mitbekommen hatte. Ich würde mir eine solide Existenz aufbauen, Lehrerin werden, mich wie mein Vater verbeamten lassen, eine Familie gründen und mit dem Vater meiner Kinder ein Leben lang glücklich zusammenleben. Später. Vorher wollte ich mich noch ein bisschen austoben.

„Aber dann ist alles anders gekommen."
Wie kann sie das wissen? Hat sie ein Gespür für den Raum zwischen den Worten? Was hat sie mit meinem Leben zu tun? „Ja, dann ist alles ganz anders gekommen. Aber das ist eine andere Geschichte."

Mir gefällt ihre Art des Zuhörens. Sie ist einfach da und steigt eine Zeit lang mit ein. Ich weiß nicht, warum sie das tut. Doch ich spüre, dass es mehr mit mir zu tun hat, als ich im Moment verstehe. Ich schaue ihrer hohen Gestalt hinterher, bis sie plötzlich verschwunden ist. Ist sie wirklich da gewesen?

Am nächsten Tag warte ich zur verabredeten Zeit auf dem *Pont du Diable*, der Teufelsbrücke, dort, wo die Schluchten des Hérault enden und der Fluss sich zu einem See weitet. Die Brücke wurde vor vielen Jahrhunderten von Benediktinermönchen gebaut, um die Klöster von Saint-Guilhem und Aniane miteinander zu verbinden. Es gab jedoch ein Problem. Die Brücke wurde niemals fertig, weil jede Nacht das Werk des Tages wieder zerstört wurde. Bald merkten die Mönche, dass es nicht mit rechten Dingen zugehen konnte. Der Teufel hatte die Hand mit im Spiel! Nichts konnte ihn daran hindern, nachts immer wieder zu zerstören, was tagsüber gebaut worden war. Um der Zerstörung ein Ende zu bereiten, schlug ein schlauer Mönch schließlich vor, mit dem Teufel zu verhandeln.

Der Mönch begab sich um Mitternacht auf die Brücke, traf dort wie erwartet auf den Teufel und fragte ihn, was er denn dafür wolle, damit er die Brücke endlich in Ruhe lässt. *Die erste gottverdammte Seele, die sie im Morgengrauen überquert'* war die Antwort. Das ließ sich der kluge Mönch nicht zweimal sagen. Zur verabredeten Stunde kam er - mit einem Hund. Als der Teufel begriff, dass man ihn beim Wort genommen hatte, wurde er so wütend, dass er sich mit lautem Gebrüll in die Schlucht stürzte und den tiefen Krater riss, in dem sich seitdem das Wasser zu einem See staut. Doch die Brücke lässt er bis heute in Ruhe. Seit mehr als tausend Jahren verbindet sie die gegenüberliegenden Ufer.

„Kennen Sie die Legende?" Wie gestern habe ich sie auch dieses Mal nicht kommen hören. Auch jetzt kann ich sie im Gegenlicht kaum erkennen. Nur ihre Haare lodern wie Flammen um ihr Haupt.

Ich blicke ihr entgegen: „Ich habe mich gerade gefragt, ob der Fluch tatsächlich gebannt wurde. Für die Jugend aus den umliegenden Dörfern ist es eine beliebte Mutprobe, sich von der Brücke aus in den Fluss zu stürzen. Mancher kommt dabei ums Leben. Die Felsen unter der Wasseroberfläche sind unberechenbar."

"Sie meinen, dass der Teufel letztendlich doch sein Tribut bekommt?"

Wir setzen uns etwas unterhalb der Brücke in den Schutz der Felswand. Dunkle Wolken türmen sich am Himmel und in der Ferne grollt ein Gewitter. „Wird es uns in Ruhe lassen?" Besorgt blicke ich nach oben. „Es wird vorbeiziehen," sagt sie mit Bestimmtheit.

Ich richte mich auf meinem Felsen ein. Der Strand um den See herum ist menschenleer. Ich lasse meine Gedanken zu den Landschaften Spaniens gleiten, die denen des französischen Südens so sehr ähneln. Der Duft nach Thymian und Rosmarin in steiniger Kargheit, Olivenplantagen und Weinberge und immer wieder die rote Erde, die mich so sehr anzieht.

„Nehmen Sie mich wieder mit?"

Ich bin so oft es geht in Spanien und fühle mich in Madrid immer mehr zu Hause. Meine Stadt. Mein Land. Ich mag das Unverschnörkelte und Erdverbundene, die Leichtigkeit, der immer auch Schwere anhängt. Aus einer Geschichte, die als Urlaubsflirt hätte enden können, ist eine Beziehung geworden. Sie bleibt frisch und exotisch, weil wir uns nur alle paar Monate sehen.

Den darauffolgenden Sommer verbringen wir gemeinsam in seiner brandneuen und glutheißen Dachwohnung, dem Himmel über Madrid auf unbequeme Weise sehr nah. Während er weiter renoviert und millimeterweise alte Dachbalken entkrustet, flüchte ich vor Staub und Hitze in den Retiro-Park nebenan und wieder zurück, denn meine Leselust wird immer wieder von kontaktsuchenden Männern unterbrochen. Immer wieder stehen Überraschungsbesucher vor der Tür. Eine kostenlose Ferienbleibe in Madrid spricht sich schnell in Hamburg herum. Wir liegen teilweise wie die Sardinen auf dem staubigen Boden und versuchen, in der Augusthitze Schlaf zu finden.

So geht unser zweiter gemeinsamer Sommer vorbei. Eines Abends im September wartet er in der Wohnungstür auf mich. Da er das sonst nicht tut, ahne ich, dass etwas passiert ist. Meine Großmutter ist gestorben. Hatte sie aus einer Vorahnung heraus am Abend zuvor versucht, mich zu erreichen? In unserer Wohnung gibt es kein Telefon, ich bin nur über die Nummer seines Vaters zu erreichen. Die rief sie an, ohne sich verständigen zu können.

Ich bin nicht auf ihrer Beerdigung und trauere allein um diese einfache Frau, bei der ich immer Geborgenheit und ein offenes Ohr gefunden hatte. Sie hatte mich ernstgenommen in meinen Freuden und mit meinem Kummer und nie über mich geurteilt. Ich spüre, dass mit ihrem Tod meine Jugend endgültig vorbei ist. Nie wieder wird sie in der Haustür stehen und mir so lange hinterher blicken, bis gegenüber angekommen bin. Nie mehr werde ich mich so leicht und unbeschwert fühlen. Viele Jahre lang wird sie mich in meinen Träumen besuchen. Und mehr als zwanzig Jahre später wird sie mir noch einmal begegnen.

Ein paar Tage nach Großmutters Tod fahren wir nach Barcelona, wo ich für ein Jahr eine Stelle als Assistenzlehrerin an der Universität für Lehrerausbildung bekommen habe. Ich beziehe vorübergehend ein schäbiges Zimmer in einem Hostal im gotischen Viertel, das zu meiner Stimmung passt. Er zieht weiter

*in Richtung Süden nach Alicante, wo er seinen Militärdienst
antritt.*

*Nun gibt es auch zwischen uns keine Telefonverbindung mehr.
Wir haben nichts als die Nummern seiner Kaserne und meiner
Uni, um zu genau verabredeten Zeiten miteinander zu
telefonieren. Unsere Beziehung erhält einmal mehr den Reiz des
Unvorhersehbaren.*

*Tiefgründig und geheimnisvoll liegt auch Barcelona in diesem
traurigen Herbst vor mir. Wieder einmal stehe ich vor einem
unbekannten Raum, den es in jeder Hinsicht zu entdecken gilt.
Langsam taste ich mich an mein neues Leben heran. Ich ziehe von
meinem Hostal in eine Wohnung etwas außerhalb des Zentrums.
Ein Fernseher, kein Telefon, drei Gasflaschen: eine für die
Heizung, eine für warmes Wasser und eine zum Kochen.
Ich flaniere durch die engen, dunklen Gassen des gotischen
Viertels, durchkämme die Stadt auf den Spuren Gaudis und
besuche so gut wie jedes Museum. Wie in Madrid lese ich, was mir
in die Finger kommt. Wie in Madrid dient alles dem Kennenlernen
von Sprache und Kultur. Doch dieses Mal ist es kein Rausch.*

*Eine nachdenkliche, oft etwas traurige Zeit bricht an. Daran kann
auch die Sonne des Mittelmeers nichts ändern. Über mein Grübeln
bekomme ich nicht viel von dem mit, was sonst noch in der Welt
passiert. Als ich eines Morgens Anfang November in die Uni
komme und man mir zuruft, die Mauer sei offen, denke ich an
einen Scherz.*

*Langsam kommt die Nachricht bei mir an. Was für eine
Veränderung! Ein getrenntes Volk, das erneut zusammenfinden
kann! Silvester stehe ich vorm Brandenburger Tor und lasse mich
vom Atem der Geschichte erfassen.*

*Zurück in Barcelona pendele ich immer wieder dorthin, wo er
gerade ist. Ich mag diese langen Zugfahrten quer durch Spanien.*

Im April fahren wir zur semana santa nach Andalusien. Zu Ostern werden hier die Statuen aus den Kirchen geholt und in langen Prozessionen durch die Straßen getragen. Sie werden begleitet von Gesängen, Weihrauchwolken und einer Stimmung, die je nachdem, wie weit das Meer entfernt ist, zwischen Beerdigung und Karneval schwankt.

In Sevilla wird die Marienstatue der Macarena wie ein Star bejubelt. Schon Stunden, bevor sie vorbei getragen wird, werden die Stehplätze am Straßenrand knapp. Alte Frauen zischen drohend und drängeln jeden rabiat zurück, der sich zu weit vorwagt. Beim Anblick der Statue brechen vernünftig aussehende Menschen in Tränen aus. Auf einem Platz macht die Prozession Halt. Tausende von Menschen versammeln sich schweigend. Kein Laut ist zu hören. Der Platz ist wie gebadet in den Duft von Weihrauch und Orangenblüten, als eine einzige Stimme sich von einem Balkon aus erhebt und für die Macarena singt.

In Gedanken an die Menschenmassen halte ich einen Moment inne. Welche tiefe und erdende Kraft geht von Menschen aus, die sich in Frieden verbinden und zu einem einzigen, vibrierenden Organismus werden!

Das Gewitter hat sich verzogen, so wie sie es gesagt hat. Die Wolken am Himmel reißen auf, die Sonne übergießt die Landschaft mit der frischen Klarheit eines Juninachmittags und bricht sich im Feuer ihrer Locken. Ich habe noch nie solche Haare gesehen. Doch ihr Wesen, das wie aus einer anderen Welt zu kommen scheint, ist mir auch heute auf seltsame Weise vertraut.

„Ich habe den Eindruck, Ihnen schon einmal begegnet zu sein."

„Sie müssen mich mit jemandem verwechseln."

Eine Weile sitzen wir schweigend nebeneinander und schauen auf das Wasser, dessen glatte Oberfläche bisweilen von einem springenden Fisch durchbrochen wird. Die Leute sagen, dass an den tiefsten Stellen im Fluss Katzenfische leben, so groß wie ein Kleinwagen. An dieser Stelle ist das Wasser besonders tief und ich hoffe, nie Gelegenheit zu bekommen, es nachzuprüfen.

Mein Jahr in Spanien ist zu Ende. Im Sommer gehe für ein paar Monate an die französische Atlantikküste, um mein vergessenes Französisch aufzufrischen. Im Herbst bin ich zurück in Hamburg. Langsam sollte ich mich darum kümmern, mein Studium zu Ende zu bringen. Doch bis es so weit ist, geht meine spanische Liebe zu Ende. Ich bin wieder frei, schwärme hierhin und dorthin und suche verzweifelt nach einem Thema für meine Examensarbeit. Als ich über der Funktion antiker Mythen in den Gedichten von Charles Baudelaire und Leconte de Lisle brüte, klingelt das Telefon.

ER ist es! Meine erste, große, unerfüllte Liebe! Er, den ich meine halbe Schulzeit lang vergebens angebetet habe, für den ich Protestsongs lernte und das Anarchiezeichen auf meine Jeans malte ohne zu wissen, was es bedeutete. Sein Name erklingt wie ein mächtiger, süßer Donnerschlag am anderen Ende der Leitung. Ein Wochenende später steht er vor mir: Lockiger, weicher, schöner und verführerischer denn je. Die Vorsehung hat uns eingeholt, das Schicksal uns endlich zusammengeführt! Ich denke nicht nach, ich zögere nicht und lasse mich bedingungslos in seine Arme sinken. Keine Frage: Das ist er! Immer habe ich auf ihn gewartet, jeden hätte ich für ihn stehen gelassen.

Er ist Journalist in Frankfurt an der Oder. Ich pendele fortan zwischen Hamburg und Berlin und entdecke den Osten kurz nach der Wende. Wir fahren im Winter Ski und im Sommer Boot. Er zieht zu mir nach Hamburg ins Geburtshaus von Hans Albers, ich mache mein Referendariat - und fühle, wie diese große Liebe keinen wirklichen Boden findet. Sie bleibt unerfüllt. Die Realität hält dem Traum nicht stand.

Unserer Welt wohnt kein Zauber inne und ich fühle mich, als seien mir die Flügel beschnitten. Das Leben an seiner Seite erscheint mir eng und klein. Es gibt keine wirkliche Öffnung füreinander und die gemeinsame Vergangenheit reicht nicht aus, unsere Gegenwart lebendig zu gestalten.

Meine Liebe zu ihm, die mir wie selbstverständlich innewohnt, kann die Leere zwischen uns nicht füllen und den Bruch mit ihm nicht aufhalten. Ich trenne mich.

Ich hatte mich zuerst in Brad Pitt, dann in einen stillen Typen aus meinem Referendariat und schließlich in einen zwielichten jamaikanischen Rasta verliebt. Zerrissenen Herzens ziehen wir wieder auseinander. Doch der Schnitt scheint nicht endgültig. Habe ich mich geirrt? Haben wir wirklich alles versucht? Es kann nicht, es darf nicht sein, dass diese Geschichte zu Ende ist! Um mich zu besinnen fahre ich zu einer Freundin, die gerade nach Montpellier gezogen ist. Er bringt mich zum Zug. Ungeschickt verabschieden wir uns voneinander. Meine Freundin ist gerade in ihren Nachbarn verliebt. Einen jungen Opernsänger, der seine Karriere bereits hinter sich hat und mit einer holländischen Tänzerin verheiratet ist, die er mit meiner Freundin betrügt. Die frische Verliebtheit um mich herum gibt mir neue Hoffnung. Nach zwei Wochen Ferien weiß ich wie Scarlett O'Hara: Ich will ihn zurück! So eine Liebe gibt man nicht einfach so auf. Es muss einen neuen Weg zueinander geben! Von neuer Zuversicht beflügelt eile ich ihm in Hamburg wieder in die Arme. Doch er ist reserviert. Ich verstehe nicht - bis eine Freundin ein paar Wochen später bei mir in der Küche sitzt und mir von ihrer neuen Liebe erzählt. Mir bleibt das Herz stehen. Ich schicke sie vier Stockwerke nach unten, um mir eine Packung Zigaretten aus der nächsten Kneipe zu holen. Ich hatte zwar gerade mal wieder aufgehört zu rauchen, doch dies hier ist ein guter Grund, wieder damit anzufangen.

„Der Auftakt zu einem echten Reigen." Wie treffend, dass sie ausgerechnet dieses Wort benutzt.

„Nur für mich war er nicht besonders amüsant. Ich fühlte mich eher von der Party ausgeschlossen."

„Ihre Freundin hat es Ihnen gesagt. Nicht er."

„Sie wollte es so. Es war mutig von ihr, mir gegenüber zu treten. Ich weiß auch nicht, was für mich leichter gewesen wäre. In jedem Fall wäre ich fassungslos gewesen. Das Schlimmste war jedoch, dass ich mich nicht wirklich beklagen konnte, denn schließlich hatte ich ihn ja verlassen und ihn dann monatelang mit meiner Unentschlossenheit gequält."

„Sie hatten niemanden, auf den Sie wütend sein konnten."

„Niemandem außer mir selbst. Nichts hätte ich mir mehr gewünscht, als dass diese Verbindung funktioniert. Ich hatte den Traum meines Lebens vermasselt. Schlimmer noch: Ich hatte meine Zukunft zerstört und die Aussicht auf das Leben, das ich mir für mich vorgestellt hatte. Ich war zweiunddreißig Jahre alt. In meiner Wohnung klebte irgendwo der Spruch, dass es wahrscheinlicher ist, ab dreißig von einem Terroristen erschossen zu werden, als noch einen Mann abzukriegen. Die biologische Uhr tickte unerbittlich. Wenn ich noch meine ersehnte Familie gründen wollte, dann musste ich mich langsam sputen."

„Sie hatten Angst."

„Angst, Trauer, Frustration, alles zusammen. Ich fühlte mich auf der ganzen Linie als Versagerin. Mein Referendariat war zu Ende, doch ich hatte keine Stelle in Aussicht. Die Chancen, in den nächsten Jahren etwas in Hamburg zu finden, waren schlecht. Aus Hamburg weggehen wollte ich aber nicht, denn wenn mich etwas aufrecht hielt im Leben, dann war es hier. Besonders bitter war, dass ich dem neuen Glück nur schwer aus dem Weg gehen konnte, denn wir hatten denselben Freundeskreis. Ich wusste, was er ihr zum ersten gemeinsamen Weihnachtsfest geschenkt hat, ich sah, wie sie sich zusammen ein Haus kauften und einrichteten und begannen, Heirats- und Familienpläne zu machen. Das Leben ging weiter, aber ich fühlte mich irgendwie abgehängt. Alle anderen heirateten, alle bekamen Kinder und stabile Jobs. Alle hatten Erfolg im Leben. Nur ich nicht. Ich stand draußen. Während alle anderen sich auf dem Ball amüsierten, drückte ich mir die Nase am Fenster platt. Ich gehörte nicht mit dazu. Ein Fliegenpilz tanzt nicht."

„Und das nahmen Sie sich übel."

Ja, ich nahm es mir übel. Ich fühlte mich verkehrt, nicht richtig. Was wollte ich eigentlich in meinem Leben? Hätte ich mich denn nicht damit begnügen können, meine Beziehung so gut es geht zu leben und das, was mich wirklich erfüllt, woanders suchen, wie so viele es tun? Musste ich denn immer noch an meinen Märchenvorstellungen von Prinzen und Seelenverwandtschaften festhalten? Das Leben hatte mir wieder einmal gezeigt, dass es die ideale Beziehung nicht gibt. Wann würde ich mich endlich damit abfinden!? Ich hatte mir das alles selbst eingebrockt und nun musste ich diese Suppe auslöffeln. Ich fühlte mich schuldig.

Wie sehr, sollte mir jedoch erst viel später bewusstwerden. Ich war unfähig, eine stabile Beziehung einzugehen und den Traum von der großen Liebe zu leben, unfähig, Kinder zu bekommen und eine Familie zu gründen, unfähig, einen guten Job zu finden, unfähig, die Hoffnungen meiner Familie für mein Leben zu erfüllen. Die Flügel, mit denen ich mich habe emporschwingen wollen, habe ich mir schließlich selbst wieder gestutzt.

„Gehen wir ein Stück?"

Wir lassen die Teufelsbrücke hinter uns und nehmen einen kleinen Weg, der durch die Weinfelder und Olivenhaine führt. Um uns herum summt, zirpt, flattert und hüpft es, als würden die Insekten die Rückkehr der Sonne feiern.

Zur Sonne!

Nach dem Sturm kommt endlich die Leere – und mit ihr die Ruhe. Ich halte mich mit allen möglichen Jobs über Wasser, einerseits frustriert darüber, keine feste Stelle an der Schule zu finden, andererseits jedoch finde ich auch Gefallen an der Freiheit, in verschiedenen Institutionen zu arbeiten. Es gibt mir eine neue Basis und bringt mich wieder in Fluss. Ich reise nach Spanien und Ägypten. Zu Hause bin ich mit Leib und Seele Tante. Und schließlich bringe ich es übers Herz, auch auf seine Hochzeit zu gehen. In Schwimmflügeln und mit blinkenden Herzen verziert singe ich mit den Freundinnen im Chor: ,Wochenend' und Sonnenschein'.

Es ist vollbracht. Ich habe mich mit meinem schlimmsten Schmerz konfrontiert und habe es überstanden. Zur Belohnung fahre ich wieder einmal in die Ferien nach Montpellier. Am ersten Morgen sitze ich auf einem kleinen Balkon in der Altstadt und frühstücke in der Oktobersonne. Nach all dem Durcheinander fühle ich mich endlich relativ ausgeglichen, gelassen und mit beiden Beinen auf dem Boden stehend. So zumindest schreibe ich es in diesem Moment in mein Tagebuch.
Währenddessen klingt der sanfte Bariton des Nachbarn zu mir herüber. Meine Freundin ist inzwischen mit jemand anderem zusammen und die holländische Tänzerin ist ausgezogen. Zufrieden lasse ich mich vom spätsommerlichen Licht und den okzitanischen, katalanischen, italienischen und griechischen Melodien nebenan einhüllen.

Ein paar Stunden später gerät mein Leben erneut aus den Fugen. Ich singe mit dem Nachbarn und lasse mich von einem Glas Wein zum nächsten auf eine neue Liebe ein. Es folgen drei journées de folies. Er liest mir im alten botanischen Garten aus Baudelaires ,Fleurs du Mal' vor, schlendert federnd neben mir und imponiert mir mit seiner Größe, seiner Kultur und Stimmgewalt. Wir strahlen einander an und planen sofort ein gemeinsames Leben, egal wo, Hauptsache nicht in Hamburg oder in Montpellier. Wir wollen zusammen irgendwo neu anfangen und uns nicht ins gemachte Nest des anderen setzen.

Er will fort aus dem Süden, ich bin bereit, Hamburg zu verlassen. Irgendwo dazwischen wollen wir uns niederlassen. Er ist Gefühl, Enthusiasmus, Überzeugungskraft. Und außerdem orthodox. Noch bevor ich nachschlage, was das bedeutet, bin ich voller Vertrauen für ihn. Der Funken in mir, der noch an Träume glaubt, entfacht in Windeseile und wird zum Flächenbrand. Alles ist möglich! Es gibt sie doch für mich, die große Liebe! Sie wird alles wieder gut machen und mir dabei helfen, meine in Hamburg so kläglich gescheiterte Lebensplanung hinter mir zu lassen. Meine Zukunft liegt im Aufbruch ins Unbekannte mit diesem Mann, an dessen imposante Statur und Redegewandtheit ich mich anlehnen kann!

Träumend liegen wir vor Landkarten: Bretagne, Griechenland, Italien, Schweiz, Burgund? Burgund! Das ist es! Wir denken an sanfte Hügel, Sonnenstrahlen, die durch Wolkenfilter gefächert auf einsame Kapellen strahlen, romantisches Fachwerk, Wein und Käse ... und: Es liegt genau zwischen Hamburg und Montpellier.

Am dritten Tag setze ich vollkommen übernächtigt meine Reise nach Spanien fort. In der kleinen Dachwohnung in Lavapiés erwartet mich bereits ein Fax von ihm: Er hat den ersten Tag meiner Abwesenheit dazu genutzt, seine Wohnung und seinen Job zu kündigen und beschlossen, erst mal zu mir nach Hamburg zu kommen. Sofort! Während meiner Spanienreise werden die Minuten zu Jahrhunderten, bis wir uns endlich am Bahnhof von Montpellier wieder in den Armen liegen. Er begleitet mich im Zug bis nach Paris. Unter dem Sternenhimmel des Montmartre versprechen wir einander, uns nicht mehr zu verlassen.

So etwas gibt es natürlich nicht. Wie soll das gehen? Ein mittelloser ehemaliger Opernsänger, der kein Wort Deutsch spricht in Hamburg? Und dann zusammen nach Frankreich ins Ungewisse aufbrechen? Ich fasse endlich gerade beruflich Fuß - das will ich doch wohl nicht für eine windige Zukunft mit einem unbekannten Troubadour aufgeben? Er hat ja nicht einmal einen Führerschein. Wovon sollen wir leben? Womit will er überhaupt sein Geld verdienen? Und ich? Werden in Frankreich überhaupt Deutsch – oder Spanischlehrer gebraucht? Mache ich mir klar, was es bedeutet, einfach so in ein anderes Land zu ziehen?

Diese Fragen stelle ich mir nicht, während ich in Hamburg auf seine Ankunft warte. Entscheidend ist allein, dass es ihn gibt und dass ich ihn liebe. Alles andere wird schon werden. Alles wird gut. Zwei Wochen lang kann ich kaum essen und schlafen vor Aufregung. Er liebt mich ozeanisch, schreibt er. Darauf will ich meine neue Welt bauen. Währenddessen löst er in Montpellier seine Wohnung auf und verkauft seine Bücher, um sich von dem Erlös ein Zugticket nach Hamburg zu kaufen.

Anfang November steht er endlich übernächtigt vor mir, neben ihm ein großer gelber Koffer, gefüllt mit dem Gesamtwerk von Charles Trenet und Georges Brassens und Kleidung, die viel zu dünn für den hanseatischen Winter ist. Schon am dritten Abend macht er mir einen Heiratsantrag und es steht fest: Im Frühjahr ziehen wir gemeinsam ins Burgund.

Bis es soweit ist, ist er darum bemüht, sich einzuleben und mit dem Norden Freundschaft zu schließen. Nach ein paar Wochen spricht er nicht nur ein paar Brocken, sondern verständigt sich in ganzen Sätzen. Er scheint die Sprache förmlich in sich aufzusaugen. Er öffnet all seine Sinne, imitiert alles, was er hört und tut mit Leichtigkeit so als ob. Überall wird er herumgereicht und vorgestellt, jeder Einkauf wird zum sozialen Ereignis, zu Weihnachten gibt es warme Kleidung – doch trotzdem bleibt das

Klima eher frostig zwischen der hanseatischen und seiner mediterranen Art zu sein.

Der Weg ist steiniger geworden und windet sich jetzt durch die Garrigue. Eine Weile schon geht es leicht bergan. Hin und wieder blitzen von weitem die Umrisse einer Kapelle durch das Laubwerk der Wacholderbüsche und Steineichen. Wir schweigen, als wir endlich vor einer kleinen mittelalterlichen Kirche ankommen. Saint Sylvestre! Wie eine Festung erhebt sie sich in ihrer schlichten Würde auf einer Anhöhe im Nirgendwo zwischen Puéchabon und Aniane. Wir setzen uns an die Südseite, den Rücken an die Außenmauer gelehnt. Von hier aus übersieht man das ganze Tal des Hérault, dessen Struktur und Vegetation seit Jahrhunderten unverändert scheinen. Schon immer hat es hier so ausgesehen wie heute.

„Sie lassen sich also darauf ein, mit einem Mann, den Sie erst seit ein paar Monaten kennen, fürs Leben loszuziehen."
„Ich habe nicht eine Sekunde an den Gedanken verschwendet, dass das schiefgehen könnte. So sollte es sein! Er war mein Schicksal, mein neuer Prinz, mein Retter. Mit ihm wollte ich meine schmerzhafteste Niederlage hinter mir lassen. Alle Sterne weisen den Weg in den Süden. Meine Zeit in Hamburg war endgültig abgelaufen. Ich wollte weg von diesem Ort, an dem meine größte Illusion zerplatzt war und von einem neuen Zauber beflügelt aufbrechen."

Anfang März ist es endlich soweit: Mein Job ist gekündigt, die Wohnung aufgelöst, die Freunde mit viel Wein und Gesang verabschiedet. In meiner Heimatstadt besteigen wir, jeder mit einem Koffer und Proviant für zwei Tage, den Zug nach Dijon, ohne genaues Ziel und ohne zu wissen, wo, wie und vor allem wovon wir leben werden.

Für die erste Nacht suchen wir uns ein romantisches kleines Hotel in der historischen Altstadt, danach wenden wir uns dem zu, weswegen wir gekommen sind: Ein neues Heim zu finden. Ich verfüge über ein kleines finanzielles Polster und habe in einer Anzeige gelesen, dass man dafür vielleicht in der Nièvre, einer der bevölkerungsärmsten Gegenden Frankreichs im unteren Zipfel des Burgunds, eine kleine baufällige Immobilie erstehen kann.

Unsere Suche verschlägt uns nach Clamecy zu ‚Chez Rémy', ein schäbiges kleines Hotel zwischen dem Bahnhof und dem ansässigen Beerdigungsinstitut: zweifelhafte Laken, durchgelegene Matratzen und Dusche zum Aufpreis unter der Treppe im Gang. Leicht entzaubert machen wir uns auf die Suche nach einer angemesseneren Bleibe und ziehen in das ‚Hôtel de la Poste' um: Anheimelndes Kaminfeuer in der Entrée, ein altes Gemäuer, das schon bessere Zeiten gesehen hat, aber doch sehr romantisch wirkt.

Die hinteren Gemächer, die uns zugewiesen werden, sind es weniger. In unserer zweiten Nacht wird in dem Zimmer neben uns randaliert. Wir hören, wie Regale umgeworfen werden und Festgeschraubtes aus den Wänden gerissen. Vorsichtig schleichen wir uns aus unserem Zimmer, werden jedoch von einer Bande trunkener, gefährlich aussehender Gäste gesehen und machen sogleich wieder kehrt, um uns hinter den pappdünnen Türen unseres Zimmers zu verbarrikadieren.

Niemand Offizielles erscheint, keine Seele an der Rezeption, kein weiterer Gast scheint anwesend, die Telefonleitungen führen ins Nichts und das Fenster unseres Zimmers in einen schlammigen, ummauerten Innenhof. Gehen zwei Uhr morgens nehmen wir unseren Mut zusammen und stehen schließlich in Pyjama und Nieselregen auf der Straße. Wir haben Glück. In der menschenleeren Stadt werden wir von einer Patrouille Gendarmen aufgegriffen, doch das Gefühl der Rettung hält nicht lange vor. Wir werden als hysterisch abgetan und wie unartige

Kinder wieder zu Bett geschickt. Am nächsten Morgen drehen wir dieser Gegend und unserem Traum vom Eigenheim den Rücken.

Wir folgen Sonnenstrahlen, Wortspielen, unserem Gefühl und allem, was sich als Zeichen deuten lässt. Der Himmel hellt auf und der Zug hält in Joigny (joli). Wir steigen aus und quartieren uns für ein paar Wochen im ‚Paris-Nice' in der Nähe des Bahnhofs ein, in dem wir zeitweise die einzigen Gäste sind. Das liegt nicht nur an der frühen Jahreszeit. Doch wir beschließen zu bleiben.

Wir schlendern neugierig durch die Straßen, studieren unermüdlich den Immobilienteil der Zeitung und sprechen mit jedem, der so aussieht als wüsste er, wo wir uns niederlassen können. Nach vielen Komplikationen und nachdem wir der örtlichen Immobilienagentur endlich mühsam nachgewiesen haben, dass wir vertrauenswürdige zukünftige Mieter sind, beziehen wir ein Häuschen oben im Dorf direkt vor dem mittelalterlichen Tor. Unser Haus stammt aus derselben Zeit und ist eines der wenigen, das die zahlreichen Dorfbrände zumindest teilweise überstanden hat. Die Treppe ist noch aus dem 12. Jahrhundert und wendelt sich von einem kleinen Kellerraum mit einem Boden aus gestampfter Erde vorbei am Schlafzimmer mit einem Boden nur aus Holzbrettern zum Wohnbereich im zweiten Stock. Doch der Makler hatte uns bestätigt, das Häuschen sei im Sommer kühl und im Winter mollig warm. Der Wohnraum oben eröffnet uns von einem gewissen Blickwinkel aus einen Blick über das Dorf, den Fluss und die umliegenden Weinberge.

Der Umzug aus Deutschland verläuft reibungslos. Sein Umzugswagen verendet in den ersten Steigungen des Zentralmassivs. Alles umladen im nächtlichen Nieselregen, einschließlich des verstimmten Klaviers. Es kommt über das Fenster ins Haus, das ich mit viel Elan und wenigen Mitteln zu verschönern versuche. Da wir kein Auto haben, werden Teppichboden, Farbtöpfe und alle sonstigen Wohnutensilien auf meinem Fahrrad den Hügel bis zu unserem Haus hoch transportiert. Während er darüber nachdenkt, ob er lieber schreibt oder einen Verlag gründet oder singt oder unterrichtet, fahre ich abwechselnd mit meinem Fahrrad oder einem schwächelnden Moped durch die Weinberge zu meinen ersten Sprachkursen. Da ich die Ungeduldigere von uns bin, lässt er mir den Vortritt bei der Rolle der Ernährerin.

Ein paar Spaziergänger kommen vorbei. Sie grüßen und ziehen weiter in Richtung Fluss. Ich schaue ihnen einen Moment lang hinterher.

„Sie haben es sich nicht leicht gemacht."

„Was habe ich damals die Menschen beneidet, die so aussahen, als hätten sie ein einigermaßen geregeltes Leben! Bei uns hing alles am seidenen Faden. Unsere finanzielle Lage war mehr als unsicher. Die Papiere in Ordnung zu bringen erschien mir eine kaum zu überwindende Herausforderung. Frankreich, das Land der Liebe und des *savoir-vivre*, entpuppte sich als weit bürokratischer und dabei ungeordneter als Deutschland. Und wieder einmal konnte ich mich nicht einmal beklagen. Schließlich hatte ich mich sehenden Auges in dieses Wagnis gestürzt."

„Und er hat Ihnen weniger Sicherheit vermittelt, als sie sich das vorgestellt haben."

„Es war mir klar, dass ich mich mit jemandem wie ihm nicht in ein gemachtes Nest setzen würde. Genau das wollte ich ja nicht. Ich wollte dieses Abenteuer, um darüber mit ihm zusammenzuwachsen. Ich wollte es mir beweisen. Und wenn ich ehrlich bin, nicht nur mir. Ich wollte der Welt zurufen, dass es möglich ist, die alte Schmach zu überwinden und mit nichts neu anzufangen. Man muss nur an seine Träume glauben und die Flügel wachsen lassen! Wie Phoenix aus der Asche wollte ich mich über die Enttäuschungen meines Lebens erheben."

„Und damit haben Sie sich den Weg zurück vollkommen versperrt."

„Den Gedanken daran, dass unser Projekt schiefgehen konnte, schloss ich vollkommen aus. Diese Szene gehörte nicht in meinen Film. Wenn ich es nicht schaffen sollte, Fuß zu fassen oder wenn unsere junge Beziehung in die Brüche gehen sollte, hätte ich vor einem unüberwindbaren Abgrund gestanden. Koste es, was es wolle: Ich musste da durch."

Bei meinem Einleben in Frankreich stoße ich immer wieder an Grenzen, mit denen ich nicht gerechnet habe. Europa um die Jahrtausendwende: Man kann da leben und arbeiten wo man will. Theoretisch. Doch praktisch sieht es anders aus. Wenn ich länger als drei Monate im Land bleiben will, brauche ich eine ‚carte de séjour', eine Aufenthaltserlaubnis. Solange ich die nicht habe, darf ich nicht arbeiten. Die Aufenthaltserlaubnis bekomme ich, wenn ich Arbeit habe. Ich finde Arbeit, doch keiner will zuerst unterschreiben.

Erst nach dem Einschalten höchster lokaler Instanzen halte ich schließlich das begehrte Dokument in den Händen und bekomme meine Nummer bei der ‚sécurité sociale', der Sozialversicherung. Damit existiere ich in der französischen Verwaltung und kann offiziell anfangen mich einzuleben.

Natürlich gibt es in Joigny keinen Bedarf an Sprachunterricht, aber es gibt ja Züge woanders hin: Dijon, Auxerre, Laroche-Migennes. Manchmal gibt es auch keine Züge. Dann trampen wir. Ich beneide jeden, der hier lebt und mehr Boden unter den Füssen hat als ich. Mir ist schwindelig vor so viel Ungewissheit – und doch genieße ich die Freiheit und den neuen Raum um mich herum. Es ist wie fliegen.

In Madrid fühlte ich mich in einem Rausch, abgesichert wie eine Seiltänzerin mit Netz und doppeltem Boden. In Barcelona wurde mir klar, dass man sich selbst immer mitnimmt, egal wohin man geht, und dass Sonnenschein nicht alles ist. Hier spüre ich, dass etwas vollkommen Neues begonnen hat, das meine Vorstellungskraft bei weitem übersteigt. Mich tragen eine diffuse Hoffnung auf ein zusammenwachsendes Europa, mein Enthusiasmus und die Überzeugungskraft meines zukünftigen Ehemannes.

Nach sechs Monaten Frankreich heiraten wir in meiner Heimatstadt. Einen Tag vor der Trauung lerne ich meinen Schwiegervater kennen, eine halbe Sekunde vorher meinen Schwager: Die Tür des Trauzimmers öffnet sich genau in dem Moment, als wir Luft holen für unser 'Ja – Oui!'

Zurück in Frankreich und nunmehr pedantisch darauf bedacht, unsere Papiere in Ordnung zu halten, melden wir die Eheschließung ordnungsgemäß an und erfahren, dass sie in Frankreich nicht rechtsgültig ist. Die zuständige Sachbearbeiterin war nicht über seit Jahrzehnten existierende Verträge informiert und wir werden endlich ein rechtmäßiges deutsch - französisches Ehepaar.

Im Angesicht des nahenden Winters – unser Häuschen war im Sommer eine wahre Brutstätte und wir wagen nicht, uns die umgekehrte Situation auszumalen - siedeln wir in die nächste Stadt um: Sens. Sinn, Sinne, Sinnlichkeit. Wir residieren auf den drei Ebenen eines hôtel particulier aus dem 17. Jahrhundert, ein prächtiges, frisch renoviertes Fachwerkhaus. Ich habe nie begriffen, wie er es geschafft hat, den Eigentümer dazu zu überreden, es ausgerechnet an uns zu vermieten. Die Katze hat Orientierungsschwierigkeiten und auch wir verirren uns am Anfang in den verschachtelten Räumen. Es dauert Tage, bis ich die Geschirrkammer nicht mehr mit dem Bad verwechsele.

Wir etablieren uns. Er eröffnet in den unteren Räumen sein Cabinet de chant. Tonleitern und Gesang erfüllen das Haus. Ich bekomme einen Vertrag bei der die éducation nationale. Erste Etappe: Wie komme ich in die Schule? Bei weitem nicht alle burgundischen Dörfer verfügen über Bahnhöfe oder Busverbindungen. Wie alle vernünftigen Menschen vom Land besitze ich seit meinem 18. Lebensjahr einen Führerschein. Beflügelt von der bestandenen Prüfung aber setzte ich noch am selben Tag den damals brandneuen Familienwagen gegen die Mauer der Hofeinfahrt meines Elternhauses. Seitdem bin ich traumatisiert und, schlimmer noch, so gut wie nie Auto gefahren. Doch ich habe nicht lange Zeit, mich meinen Ängsten hinzugeben und werde in einen eilends von meinem Schwiegervater aus Marseille importierten alten Citroën gesetzt. Zweite Etappe: Das französische Schulwesen. Ich staune. Hier lernt man Sprachen in Tabellen und Grammatikregeln auswendig. Bis zur nächsten Klassenarbeit. Dann vergisst man alles wieder -was dazu führt, dass auch nach fünf Jahren kaum ein französischer Schüler dazu in der Lage ist, einen zusammenhängenden Satz in einer Fremdsprache zu äußern. Ich will es anders machen und so unterrichten, wie ich es während meines Studiums in Hamburg gelernt und bisher umgesetzt hatte: kommunikativ und spielerisch. Entschlossen breche ich die frontale Sitzordnung auf und bilde Gesprächskreise. Von der ersten Minute an ist meine Autorität dahin. Nur schwer finde ich mich im stark hierarchisierten französischen Schulwesen zurecht und bleibe mit meinen Methoden allein.

Langsam lebe ich mich in die komplizierten gesellschaftlichen Gepflogenheiten ein. Ich erlerne die französische Speisefolge und serviere nicht mehr das Dessert vor dem Käse oder den Salat vor der Suppe. Ich lerne, wie man Roquefort und Camembert korrekt anschneidet, Austern schlürft, Miesmuscheln nach Fischerart stapelt und Fleisch halb roh isst.

Diszipliniert kämpfe ich mich durch die vielen Gänge der geselligen Menus. Während ich verzweifelt versuche, zumindest mental Platz fürs Dessert in mir zu schaffen, schwärmt mein Sitznachbar vom letzten foie gras oder der perfekten Zubereitung eines bœuf bourgignon. Mit Entsetzen erinnere ich mich an eine französisch-russische Hochzeit. Als ich endlich beim ersehnten Nachtisch ankomme – Eis mit etwas Hochprozentigem übergossen – stellt sich heraus, dass es nur das' trou normand' ist und es danach erst richtig losgeht.

In den Ferien fahren wir an die Küste im Süden. Wir durchkreuzen die Gegend zwischen Marseille und Perpignan und beladen uns mit Erinnerungen, die zu Sehnsüchten werden.
Am Ende der Sommerferien sind wir wieder einmal auf dem alten Weingut eines Freundes eingeladen. Als wir ankommen, werden gerade Spanplatten auf Tapezierböcke gelegt, ein paar weiße Laken und darauf die bunten Speisen des Sommergartens für Familie, Freunde, Freunde von Freunden und ein paar Musiker aus der Ukraine. Kinder führen auf der großen gewundenen Treppe des Herrenhauses Sketche auf. Die Erwachsenen singen zu den fröhlich-melancholischen Melodien des Akkordeons. Auf die Tundra! Auf das Leben! Auf die Liebe!

Beim Nachtisch erfahren wir, dass eine der Wohnungen auf dem Gut frei wird und entscheiden wie immer, ohne lange nachzudenken. Alles ist möglich.

In der Ferne bellt ein Hund. Wie lange sitzen wir an der Kirchenmauer? Als wir uns auf den Rückweg machen, schaue ich noch einmal in Richtung Süden.
„Das Gut ist nur ein paar Kilometer von hier entfernt."
„Aber Sie wollten doch nicht in den Süden."

„Das war so, als wir uns kennengelernt hatten und zusammen neu anfangen wollten. Aber nun war die Zeit reif. Ich war bereit."

„Also noch einmal aufbrechen und alles hinter sich lassen. Ein weiteres Mal Arbeit suchen, Kontakte, Freunde. Neue Unsicherheiten und Fragen."

„Alle Karten sollten noch einmal neu gemischt werden."

Verbrannte Flügel

Ein Jahr vergeht bis zum Umzug, ein logistisches Meisterwerk seinerseits. Dennoch wissen wir erst beim Ausladen des zweiten Wagens, dass die Wohnung auch tatsächlich frei und beziehbar ist. In der Julihitze schleppen und räumen wir, begleitet vom ohrenbetäubenden Zirpen der Zikaden.

Alle möglichen Tiere leben im und um das Haus herum, deren Existenz ich bisher nur vom Hörensagen kannte: Echsen in schillerndem Grün und Blau, Skorpione - und Wildschweine. Eine echte Plage. Sie sind im Gemüsegarten, auf der Terrasse, überall. Die Jäger sitzen auch im Gemüsegarten und man weiß nicht, was schlimmer ist: Eines sonnigen Sonntagmorgens erschossen oder überrannt zu werden.

Wir versuchen wieder einmal, uns zu integrieren und machen uns auf Arbeitssuche. Offensichtlich sind wir dabei nicht die einzigen. Die halbe Welt scheint hier leben zu wollen. Die Zahlen im Midi Libre bestätigen: Die halbe Welt will tatsächlich hier leben! Ich kann es gut verstehen. Jedes Mal, wenn ich aus Montpellier zurückkomme, bin ich ergriffen von der Schönheit des Tales: Im Hintergrund zeichnen sich blau die Berge ab, sanfte Hügel durchziehen die Ebene, hier und da unterbrochen durch einen Kirchturm, ein paar Zypressen oder Pinienwälder. Fast immer blüht etwas. Und dann, wenn die Weinreben im Winter kahl sind, ist es die tiefe Wintersonne, die der Landschaft ihre Süße gibt. Wenn es ein Paradies gibt, dann muss es so aussehen.

Wir richten uns ein. Wir haben auch hier ein geselliges Leben und ein offenes Haus. Wie im Burgund gibt es Hauskonzerte und lange Nächte. Sein weicher Bariton hat nichts von seinem Zauber verloren. Doch langsam und auf leisen Sohlen hat sich der Zauber zwischen uns verflüchtigt. Etwas hat sich geändert. Sind wir erschöpft voneinander? War dieser neue Anfang zu viel?

Ich versuche es zu formulieren. Wir konnten immer gut miteinander reden, doch mir scheint, als würde er um den heißen Brei herumstreichen. Ich spüre, dass ich ihn nicht mehr erreiche. Unsere Gespräche benennen nicht das, was wirklich zwischen uns steht. Wie ist es möglich!? Diese Geschichte, die wie ein Märchen begonnen hat, die Verwirklichung eines Traums, ist dabei, sich in kühler Distanz aufzulösen.

Es darf nicht sein! Er ist mein Mann, daran will ich festhalten! Wir werden diese Zeit gemeinsam überstehen und wieder zueinander finden. Ich vertraue uns. Ich vertraue ihm.

Ein paar Schüsse hallen durch die Weinberge und schrecken uns auf. Eigentlich ist die Jagdsaison längst vorbei. Verstört fliegt ein Schwarm Vögel auf und verteilt sich in alle Richtungen.

„Sie kommen nicht mehr an ihn heran."

„Es fühlt sich an wie eine unsichtbare Mauer, die sich zwischen uns aufgebaut hat. Ich habe sie das erste Mal gespürt, als ich im Sommer allein in Deutschland war."

„Bis dahin hatten Sie nie an dieser Verbindung gezweifelt."

„Natürlich gab es wie in jeder Beziehung helle und dunkle Zeiten. Das gehört eben dazu. Der Rausch der anfänglichen Verliebtheit hatte sich seit langem aufgelöst. Es gab Auseinandersetzungen, aber ich fand uns immer gut im Gespräch und in einem lebendigen Austausch miteinander. Wir teilten Gedanken, Projekte, viele unserer Vorlieben. Wir ließen uns von ähnlichen Dingen berühren und begeistern. Wir konnten zusammen lachen und stimmten in unseren Werten überein. Ich fühlte mich von ihm verstanden. An seiner Seite erschien mir das Leben immer reich und die Welt groß."

„Doch für ihn war es nicht so."

„Ich hatte geglaubt, dass es ihm ähnlich ging wie mir und war sicher, dass er es mir sagen würde, wenn etwas für ihn nicht stimmte."

„Aber das tat er nicht."

„Nein, das tat er nicht."

Die Stimmung zwischen uns bleibt verschlossen und angespannt. Ich kann es immer weniger aushalten. Eines Morgens Anfang Dezember wache ich nach schlechten Träumen früh auf und spreche das Unvorstellbare aus: Wenn es nicht anders geht, dann müssen wir uns vielleicht trennen? Wenn unsere Beziehung als Paar nicht mehr möglich ist, dann können wir versuchen, sie als Freundschaft zu erhalten.

In diesem Moment geschieht etwas Seltsames: Augenblicklich löst sich die seit Monaten aufgebaute Spannung. Die distanzierte Kälte zwischen uns ist wie weggeblasen! Er holt Kaffee ans Bett und wir sitzen da und plaudern und lachen und sprechen darüber, wie es wohl weitergeht und wie wir gemeinsam weiterleben werden.

Natürlich bleiben wir zusammen in der Wohnung. Veränderungen werden langsam eintreten, wir sind weiter füreinander da. Schließlich leben wir erst seit eineinhalb Jahren im Süden. Weder er noch ich haben genug Arbeit, um uns in der nächsten Zeit jeder alleine eine Wohnung leisten zu können. Und das ist ja auch gar nicht nötig. Es spricht ja nichts dagegen, eine Zeitlang erst einmal als Freunde zusammen zu leben. Und wer weiß, was sich daraus entwickelt. Wir haben viel Platz für eigenen Raum. Dazwischen treffen wir uns, teilen und reden, so wie wir es immer gut miteinander konnten.

Erstaunlicherweise tut es gar nicht weh, so zu sprechen! So groß ist die Erleichterung, endlich wieder Zugang zueinander zu finden! Wir stecken die Köpfe zusammen, lachen und vertrauen einander unsere unausgesprochenen Gedanken der letzten Monate an. Am Abend gehen wir zusammen auf eine Party und ich tanze nach Jahren das erste Mal wieder.

Keine Sekunde denke ich daran, dass mit unserer Ehe auch meine Zeit in Frankreich zu Ende gehen könnte. Unvorstellbar, wieder nach Hamburg zurückzugehen! Ich fühle mich hier zu Hause. Das Land zieht mich fast magnetisch an: die rote Erde, in der ich mich am liebsten rollen würde, um mit ihr zu verschmelzen; die Landschaften, die sich alle paar Kilometer komplett verändern; die Platanenalleen, die sich wie Kathedralen erheben; die bunten Märkte und alten Gemäuer, die trotz aller Gepflogenheiten leichte Lebensart, der Kult des gemeinsamen Essens, die Menschen aus allen Teilen der Welt, die Inspirationen, die von hier ausgehen. Hier schlägt für mich das Herz der Welt. Hier soll sich mein Schicksal erfüllen. Gerade bin ich dabei, eine Kulturbrücke zwischen Mittelmeer und Ostsee aufzubauen, voller Pläne, Zuversicht und Vertrauen, dass selbst jetzt noch alles gut werden kann.

Zwei Wochen nach unserer Trennung gehe ich auf den Markt und treffe zufällig den deutschen Mann einer mexikanischen Freundin, die ich vor ein paar Monaten beim Töpfern kennengelernt hatte. Vor allem sie geht regelmäßig bei uns ein und aus. Ein paar Mal haben wir uns zu viert gesehen. Wir trinken einen Kaffee zusammen als er mich fragt: „Du weißt Bescheid, oder?"
So erfahre ich, dass seine Frau und mein Mann seit Monaten ein Paar sind. Alle Details passen. Alles fügt sich zusammen. Es gibt keinen Zweifel: Er sagt die Wahrheit.

Wir sind wieder an der Teufelsbrücke angekommen. Ich sehe nach unten in die Schlucht, durch die sich der Fluss windet. Wie viele Jahrtausende hat es gebraucht, die Felsen in diesen bizarren Formen auszuhöhlen und dieses tiefe Flussbett auszuhöhlen?
Ich durchlebe in Gedanken noch einmal das Unfassbare. Seit Monaten fühlte ich diese kalte Distanz, stellte mich in Frage,

versuchte zu verstehen, was in meiner Ehe geschieht – und der wirkliche Grund war, dass er mit einer anderen Frau zusammen ist! Ganz einfach. Ganz banal. So wie es jeden Tag tausend Mal passiert.

Unser Märchen, unsere wunderschöne Geschichte, die ich als so besonders empfunden hatte, geht auf solch schnöde Weise zu Ende. Eine heimliche Affäre, die zur offiziellen Beziehung werden konnte, weil ich die Trennung ausgesprochen hatte! Ich hatte von Anfang an keine Chance. Es war vorbei, ohne dass ich dabei gefragt wurde.

„Sie haben es nicht gemerkt."

„Er war immer wieder am Wochenende fort gewesen. Für neue Arbeitskontakte, wie er sagte. Ich habe es ihm geglaubt. Immer konnte er mich mit seinen Argumenten überzeugen. Einmal habe ich ihn abends in seinem Büro leise telefonieren gehört. Die Tür war verschlossen und ich wurde stutzig, weil seine Stimme so sanft klang. Es konnte sich um kein berufliches Gespräch handeln. Ich habe ihn zur Rede gestellt. Die gemeinsame Freundin, die er vorschob, hat sich einspannen lassen. Ich habe es ihnen nicht geglaubt. Doch was sollte ich tun? Ich wollte mich nicht erniedrigen und ihm hinterher spionieren. Auch sein Gesangsrepertoire hatte sich geändert und wurde immer spanischer. *Por debajo de la mesa* – *unterm Tisch* von Luis Miguel – das sang er so oft, dass es mir förmlich zu den Ohren herauskam. Im Nachhinein scheint es mir, als seien das alles Zeichen gewesen, die er mir geschickt hat, weil er sich nicht getraut hat, es mir direkt zu sagen."

„Er hatte alles getan, Sie dazu zu bringen, sich zu trennen."

„Das war seltsam. Dieser stimmgewaltige Mann, der so viel sprach und andere immer wieder damit in seinen Bann ziehen konnte, hat das Wesentliche nicht aussprechen können. Er konnte nicht einmal zugeben, was er getan hatte.

Ich bin vom Marktcafé nach Hause gefahren, ins Lenkrad schluchzend, bin in sein Arbeitszimmer gestürmt und habe seinen Unterricht unterbrochen. Als er rauskam, war er ganz ruhig und tat so, als würde ich das Ganze erfinden."

Doch es ist nicht erfunden. Es ist die Wirklichkeit. Doch niemals wird er darüber sprechen, was wirklich passiert ist. Es wird keine Erklärung geben. Viele Jahre später wird sie sich bei mir aussprechen. Jetzt aber stehe ich vor einem Nichts: Kein Vertrauen mehr, keine Möglichkeit, unter diesen Umständen auf dem Weingut wohnen zu bleiben, nicht genug Mittel, alleine eine Wohnung zu nehmen, keine Freunde, die mich hier in diesem Moment hätten auffangen können, dazu das Gefühl des Scheiterns und der totalen Desillusion. Wieder einmal.

Ich habe es nicht geahnt, ich habe nichts gespürt, was das Ende der Ehe hätte bedeuten können. Ich, die Pädagogin, die glaubte, feine Antennen zu haben! Ich habe unsere Freundin oft bei uns gesehen. Ich habe gesehen, wie die beiden vertraut die Köpfe zusammen steckten auf der Feier meines 40. Geburtstages und wie sie sich die Zigaretten teilten. Doch nie habe ich seine und ihre Loyalität mir gegenüber in Frage gestellt! Er ist ein Mann, der immer viele Frauenfreundschaften hatte. Für mich war das nie ein Problem. Nie habe ich darin eine Gefahr gesehen.

Doch es war eine Gefahr. Später werde ich erfahren, nicht aus seinem Mund, dass er mich all die Jahre über immer wieder betrogen hat. Einige derer, die ich für unsere gemeinsamen Freundinnen gehalten hatte, waren seine Geliebten gewesen!

Der Mann, der mir einmal geschrieben hatte, dass er mich ozeanisch liebte, von dem ich glaubte, er habe alles hingegeben, um mit mir zusammenzuleben, stellt sich als Fabulierer heraus, als Geschichtenerzähler, als Lügner Ich wusste nicht mehr, was von dem stimmte, was er mir über sein vorheriges Leben erzählt hatte.

Hat ihn seine Mutter wirklich nicht ernährt und mit zwei Jahren fast verhungern lassen, so wie er immer wieder gesagt hatte? Hat er tatsächlich mit fünfzehn die Schule verlassen, um alleine nach Paris zu ziehen? Hat er wirklich in Japan Orchesterleitung studiert und an der Liceo-Oper in Barcelona seine ersten Auftritte gehabt? Hat er tatsächlich in Opernhäusern in Amerika und Australien gesungen? Ich weiß es nicht. Es gibt keine Spuren. Ebenso wenig weiß ich, was in unserer Ehe echt war und was nicht.

Es erinnert mich an eine Szene in dem Film „Verdacht" von Alfred Hitchcock, den wir einmal zusammen gesehen haben: der zwielichte Ehemann trägt ein seltsam grünlich leuchtendes Glas Milch die Treppe hinauf und der Zuschauer vermutet, dass er damit seine Frau vergiften will. Mit leisem und beruhigtem Schauder bin ich damals schlafen gegangen: Wie gut, dass ich meinem Mann bedingungslos vertrauen kann. Dieses Vertrauen ist nun tot.

Mehrmals versuche ich, ihn zur Rede zu stellen, zerschlage Geschirr, bin wütend, verzweifelt, voller Trauer, fühle mich abgehängt, gedemütigt - doch ich finde nicht den Faden, von dem aus ich das Geschehene hätte aufwickeln und verstehen können. Er bleibt unergründlich. Es ist, als begehre ich gegen ein Gespenst auf.

Die Situation ist ausweglos und wird es immer mehr. Schon ein paar Wochen nach unserer Trennung will das neue Paar zusammenziehen. In meinem Heim. Bei ihr zuhause ist die Situation unerträglich geworden und sie braucht schnell eine neue Bleibe.

Was soll ich tun? Wo soll ich hin? Ich kann nicht bleiben und ich will nicht gehen. Um wenigstens etwas zu machen, um wieder ins Handeln zu kommen und heraus aus der fassungslosen Starre, um mir überhaupt eine Perspektive zu verschaffen, tue ich das, was ich von ganzem Herzen nicht will und wogegen sich alles in mir sträubt: Ich trage mich in die Bewerbungsliste der Hamburger Schulbehörde ein.

Ich weiß, dass Lehrer inzwischen gesucht werden, denke aber nicht eine Sekunde im Ernst daran, zu gehen. Doch zwei Tage später kommt der Anruf: Man suche händeringend jemanden mit meinen Fächern und Fähigkeiten. Die Stelle sei zur sofortigen Verbeamtung ausgeschrieben! Vollkommen orientierungslos bitte ich um drei Tage Bedenkzeit. Zwei davon bin ich sicher, dass ich nicht gehen werde. Am dritten kippt die Stimmung. Unter einem dramatisch wolkigen Januarhimmel laufe ich in Tränen in der Abenddämmerung durch die Garrigue, kippe in der Küche etwas Hochprozentiges und entscheide mich dafür, diese Stelle anzunehmen.

Unter uns strömt unaufhaltsam der Fluss. Die Strandbesucher des Nachmittags sind inzwischen fort. ab und zu fährt ein Auto auf der etwas weiter oben gelegenen Brücke vorbei. Wir sind alleine. Sie lehnt neben mir, gemeinsam gucken wir ins Weite. Mich überläuft ein Schauer. „Mir war, als hätte man mir die Flügel, die endlich so prächtig haben wachsen können, wieder einmal abgeschnitten. Ich kam mir vor wie ein gerupftes Huhn, abgehängt von einer mexikanischen Schönheit mit rabenschwarzen, dichten, glatten, langen Haaren. Meine romantischen Träumereien von Bestimmung und immerwährender Liebe haben erneut der Realität nicht standgehalten. Gescheitert! Wieder einmal!"

„Und wieder einmal konnten Sie sich nicht beklagen."

„Wieder einmal machte ich mir Vorwürfe. Ich bin mit einem mittellosen Troubadour aufgebrochen, der vor meinen Augen seine erste Frau mit meiner Freundin betrogen hatte. Wie konnte ich denken, dass sich das nicht mit mir wiederholen würde? Nach der Trennung waren etliche unserer gemeinsamen Freunde nicht wirklich erstaunt. ‚Du hast doch wohl nicht alles geglaubt, was er dir erzählt hat?'"

„Doch Sie haben ihm geglaubt."

„Er war mein Mann, mein Liebster, mein Gefährte. Er sollte mich hinführen in die großen Weiten des Lebens, in denen es keine Grenzen gab.

„Und das hat er getan."

„Ja. Das stimmt. Letztendlich hat er das getan. Aber erst einmal ist alles wie ein Kartenhaus unter mir zusammengebrochen. Mein Prinz, in dessen Glanz ich mich gesonnt hatte, hatte sich als Trugbild entpuppt. Ich befand mich im bodenlosen Fall und hatte keine Ahnung, wie ich mich jemals wieder würde aufrichten können."

Wir gehen auseinander. Wie beim ersten Mal schaue ich ihr eine Weile hinterher, und wie beim ersten Mal ist sie auf einmal verschwunden, als hätte sie sich in Luft aufgelöst. Auch jetzt hinterlässt sie in mir das vage Gefühl, dass meine Geschichte mit ihrer verwoben ist.

Als wir uns das nächste Mal sehen, sind die Zikaden da. Wie jedes Mal, wenn ich ihren das erste Mal höre, bin ich berührt und begeistert. Sie bringen die Luft zum Vibrieren und erinnern daran, dass alles Lebendige Schwingung ist. Eingehüllt in ihren Gesang warte ich auf einer Bank im Schatten des Kreuzgangs der Abtei Gellone in Saint-Guilhem, die vor mehr als einem Jahrtausend von einem Cousin Karls des Großen gegründet wurde. Zwei riesige alte Zypressen züngeln nebeneinander wie Flammen in den Himmel, als wollten sie den Blick ihres Betrachters auf die Ruinen der Burg des Riesen lenken, die sich wie das Tor zu einer anderen Welt auf dem Felsen oberhalb der Abtei erhebt. Das Dorf zieht sich in einer Talzunge weiter und endet in einem Canyon, dessen Kalkfelsen im Halbrund die Ebene umschließen: *Cirque du bout du monde* - hier scheint tatsächlich das Ende der Welt zu sein, oder zumindest das Ende einer Welt. Das Flirren in der Luft, das rhythmische Zirpen und die Hitze des Sommernachmittags benebeln meine Sinne. Ich schließe einen Moment die Augen, und als ich sie wieder öffne, steht sie wie die vorherigen Male plötzlich neben mir, als sei sie aus dem Nichts gekommen. Ihr Haar hat sie heute mit einem Tuch gebändigt, doch die feuerroten Locken lassen sich nicht wirklich verbergen. Wie immer umgibt eine Aura des Unzähmbaren ihre Erscheinung.

„Ich habe Sie nicht kommen hören."
„Warten Sie schon lange?"
„Ich bin etwas früher gekommen. Ich liebe die Stille an diesem Ort. Hier habe ich oft Zuflucht gesucht. In den alten Mauern relativieren sich die Dinge des Alltags. Hier fühle ich mich getröstet."
Wir stehen nebeneinander in der vibrierenden Luft. Der Kreuzgang ist leer. Nur die Insekten und ein paar Karpfen im Klosterteich leisten uns Gesellschaft.
„Sie waren hier, als Sie Ihre Entscheidung trafen, zurück nach Deutschland zu gehen."
„Ja. Ich war hier in der Abtei, ich war oben bei der Burg, ich war in der Grotte, bei der Brücke, bei der kleinen romanischen Kapelle in den Weinbergen. Sie alle habe ich angefleht, mich zu leiten, die Verbindung nicht abbrechen zu lassen und mich wieder zurückzuholen."
„Die Verbindung hat gehalten."
„Ja, sie ist intakt geblieben. Doch erst einmal hatte ich den Eindruck, in einer schlechten Monopoly-Partie mitzuspielen: ,Gehe in das Gefängnis. Begib dich direkt dorthin. Gehe nicht über Los.'"

An einem Januarmorgen tue ich das Undenkbare: Ich verlasse das Weingut, meinen Mann, mein Heim, meine Katze, meine rote Erde, meine Illusionen und fahre alleine mit dem Auto in den Norden. Hamburg empfängt mich mit Schnee und Eis, meine neue Schule mit offenen Armen. Man rollt mir geradezu rote Teppiche aus. Schüler und Kollegen könnten sympathischer nicht sein, an der Behörde schmeichelt man mir, auf jemanden wie mich gewartet zu haben. Endlich bekomme ich die berufliche Anerkennung, die mir immer gefehlt hatte! Ich werde gebraucht, in Projekte integriert und bekomme einen Lohn, von dem ich in Frankreich nur träumen konnte. Meine Familie ist da, die alten Freunde – und doch scheint mir das Leben kaum zu ertragen.

Ich bin in einem falschen Film, wie aus meiner Geschichte herausgefallen, vollkommen fehl am Platz. Ich sehe mich, wie ich in ein paar Jahren frustriert und deprimiert am Ende bin, komplett von mir selbst entfremdet. Mein Enthusiasmus, meine Freude, alles Leichte und Frohe fließt aus mir heraus. Deutlich spüre ich es in mir: Wenn ich hierbleibe, bin ich in ein paar Jahren tot.

Diejenigen, die ich im Norden hinter mir gelassen hatte, können meine Orientierungslosigkeit nicht nachvollziehen. Man beglückwünscht mich zur bevorstehenden Verbeamtung. In meinem Alter und in diesen Zeiten sei das wie ein Sechser im Lotto! Endlich werde ich regelmäßig Geld verdienen und das bis ans Ende meiner Tage. Ich bin schließlich inzwischen vierzig und sollte anfangen, mir Gedanken über meine Rente zu machen. Ich werde lange Ferien haben, in denen ich nach Frankreich reisen kann, so oft ich will. Irgendwann könnte ich mir von meinem guten Gehalt ein Häuschen dort kaufen, und wenn ich dann erst einmal im Ruhestand bin, könnte ich ja wieder zurückziehen. So denken die vernünftigen Menschen um mich herum. Ich jedoch fühle mich, als würde mir bei vollem Bewusstsein das Herz aus dem Leib gerissen! Der Schmerz überrollt mich mit all seiner Wucht. Es ist unerträglich. Ich versinke in den Tiefen des Ozeans.

Doch was ist es, das mich so sehr nach Frankreich zieht? Ich habe dort nichts mehr als meine Sehnsucht. Sind es die Gefühle für meinen untreuen Mann? Kann ich die Trennung nicht akzeptieren? Liebe ich ihn noch so sehr? Das ist es nicht. In diese Ehe will ich nicht wieder zurück. Sie war im Laufe der Jahre mehr Freundschaft als Liebesbeziehung geworden. Wir waren ein gutes Team, doch er fehlt mir nicht als Mann. Mein zerrissenes Herz gilt nicht ihm.

Ich fühle mich in meinem Stolz gekränkt, aber ich empfinde keinen Hass gegen ihn. Ich finde das, was er getan hat, unehrlich und feige. Doch ich weiß, dass seine Absichten nicht schlecht waren. Er wollte mir nicht absichtlich schaden. Er ist ein Mann der Bühne, ein Chamäleon, ein Schnacker. Wenn ich ehrlich bin, wusste ich von Anfang an, dass ich mich auf keinen besonders soliden Typen eingelassen hatte.

Ich hatte von seiner schizophrenen Mutter und seinem unstabilen Vater gewusst, von Eltern, die ihre Rolle ihrem Kind gegenüber nicht erfüllt hatten. Ich wollte ihm die Zuneigung und Geborgenheit geben, die er als Kind nicht bekommen hatte. Mit ihm zusammen wollte ich eine eigene Familie gründen und den vergangenen Schmerz überwinden. Sehnsüchtig wünschte ich mir das Kind, das er nicht wollte.

Es war ein Irrtum. Mein Irrtum. Ich habe in ihm etwas gesehen, was er nicht war. In den Jahren unseres Zusammenlebens habe ich von seinen Geschichten und seinem Charisma profitiert. Ich habe mich mitreißen lassen von seinen Auftritten und ihm nur allzu gerne applaudiert. Ich brauchte seine Kraft, um mich aus meinem alten Leben herauszuholen und mir zu helfen, meinem Leben eine neue Richtung zu geben. Er hatte mir neuen Boden unter den Füssen gegeben und mich dazu ermutigt, meine Flügel wieder wachsen zu lassen. Ich kann nicht wirklich wütend auf ihn sein.

Während ich in Hamburg durch Schnee und Eis wate, habe ich den Eindruck, mit meinen Flügeln der Sonne zu nahe gekommen zu sein. Das Wachs ist geschmolzen und ich bin abgestürzt, schutzlos und allein Kälte und Sinnlosigkeit ausgeliefert.

Ich lehne mich auf der Bank zurück und sehe, wie ein Steinadler die Burg des Riesen umkreist, bevor er weiter in Richtung Norden abzieht.

„Er wurde zum Wegbereiter Ihrer Rückkehr."

„In meinem Umkreis war er so gut wie der Einzige, der mich dazu ermutigt hat. Ob aus schlechtem Gewissen oder aus wirklichem Interesse kann ich nicht sagen. An diesen Strohhalm habe ich mich geklammert, während fast alle anderen Menschen um mich herum mir mehr oder weniger vehement von meinem Vorhaben abrieten. Vor allem meine Familie war schockiert und in Sorge. Sie konnten überhaupt nicht verstehen, wie ich mich so querstellen konnte. Mein Vater hat immer vernunftgesteuert gelebt und meine Mutter musste als Kind im Krieg aus dem Osten fliehen. Die Vorstellung, dass ich mich freiwillig alleine in die Unsicherheit stürzen würde, war für sie vollkommen unverständlich."

„Und das hat Ihnen die Sache nicht vereinfacht."

„Ich wollte niemandem wehtun. Aber ich war erwachsen und alleine für mich verantwortlich. Ich wollte meine eigenen Wege gehen und tun, was ich für richtig hielt. Egal, was andere darüber dachten."

Orientierungslos glitsche ich durch das winterliche Hamburg und finde nirgendwo Halt. In den Osterferien fahre ich auf das Weingut in eine Wohnung, die nicht mehr meine ist. Das neue Paar hat bereits angefangen, meine Sachen zusammenzuräumen. Ihre Kleider hängen in meinen Schränken.

Der Frühling kommt nach Hamburg, warm und sonnig - doch in mir bleibt es stumpf, als sei mein Leben in Klammern gesetzt. Meine Schule bietet mir die Fachleitung für Französisch an. Doch ich will, ich kann hier nicht sein! Kurz vor den Sommerferien kommt mir mein Schulleiter strahlend entgegen: ,Ihre Ernennungsurkunde ist eingetroffen! ' Meiner Verbeamtung und lebenslangen Sicherheit steht nun nichts mehr im Wege. Die Urkunde wartet in seinem Büro auf meine Unterschrift. Es ist so weit. Ich kann mich nicht länger vor einer endgültigen Entscheidung drücken und muss Farbe bekennen. Ich will nicht! Alle waren so freundlich und aufmerksam zu mir und ich will niemanden enttäuschen! Doch ich kann hier nicht bleiben! Wie soll ich mich aus dieser Affäre ziehen?

Vor dem Gespräch laufe ich kettenrauchend vor der Schule auf und ab. Der Termin wird verschoben. Am nächsten Tag wiederholt sich das Gleiche. Ich ziehe mit meinem bis zum Hals klopfenden Herzen um die Blöcke und versuche, mir meine Worte zurechtzulegen. Nicht einmal vor meinem Examen war ich so aufgeregt! Wie würde man reagieren? Mein Schulleiter, die Kollegen, die Behörde? Ich habe nichts von meinen Zweifeln erzählt und sie sozusagen alle gegen die Wand laufen lassen. Und nun stehe ich vor dieser Wand. Es geht nicht mehr geradeaus weiter. Ich kann nur nachts rechts oder nach links ausweichen. Entweder-oder. Ja oder nein. Schwarz oder weiß. Deutschland oder Frankreich. Beides zusammen geht nicht.
Ich weiß, dass von dieser Entscheidung mein Leben abhängt. Ich weiß auch, dass es für mich nur eine Richtung gibt. Ich kann das nicht unterschreiben! Als es endlich so weit ist, teile ich meinem fassungslosen Schulleiter auf der anderen Seite des Schreibtisches mit trockener Kehle, doch mit fester Stimme mit, dass ich diesen Vertrag nicht unterzeichnen werde.

Im Blau des Himmels sehe ich, wie der Steinadler erneut die Burg umkreist und sich nach ein paar Runden schließlich auf dem Torbogen niederlässt.

„Keine Verbeamtung. Keine Sicherheit. Kein Sechser im Lotto." Sie spricht wie zu sich selbst gewandt.

„Kein Hamburg. Mein Schulleiter hat mich eine ganze Weile lang schweigend angesehen und dann gesagt: ‚Sie bringen uns zwar in eine äußerst unbequeme Lage, aber ich muss Ihnen sagen: Ich bewundere Ihren Mut.'

Mir fiel ein Stein vom Herzen! Ich hatte sozusagen seinen Segen. Ein gutes Zeichen für meinen Aufbruch."

„Und dann sind Sie wieder gegangen."

„Nach sechs Monaten Hamburg bin ich mit fliegenden Fahnen, jubelndem Herzen und ohne die geringste Ahnung, wie ich mein zukünftiges Leben einrichten würde, in den Süden zurückgefahren. Vor mir lag ein weites, leeres Feld der Unsicherheit. Doch ich spürte, dass ich genau das Richtige tat. Alles war wieder möglich!"

„Sie waren wieder frei."

Zwischen Himmel und Erde

Am ersten Tag der Sommerferien breche ich erneut auf, das Auto mit meinem Leben der letzten Monate beladen und mit lauter Musik. Hinter mir die Traurigkeit und Ratlosigkeit meiner Familie und vor mir die Ungewissheit eines neuen Lebens, das es wieder einmal in jeder Hinsicht neu aufzubauen gilt.

Ich ziehe vom Weingut in ein Winzerhäuschen im Dorf, das mir eine Freundin warmgehalten hatte. Ohne sie hätte ich nicht gewusst, wohin. Ich lüge den Makler an, dass ich nur in den Schulferien da sein werde. Meine Lohnabrechnungen versteht glücklicherweise niemand, doch die Zahlen sprechen für sich. Zumindest auf dem Papier habe ich genug Geld, um meine Miete zu bezahlen und man nimmt es mir ab.

Es ist das erste Mal, dass ich alleine lebe. Das Haus hat nichts von den weitläufigen und schönen Gemäuern, in denen ich vorher gewohnt habe. Doch es passt gut zu mir und meiner Situation. Mein Lichterhäuschen, wie es eine Freundin nennen wird, gibt mir gleichzeitig Freiheit und Geborgenheit. Von hier aus kann ich mir Arbeit suchen und neue Freunde finden.

Ich kenne nicht viele Menschen um mich herum und werde kaum zum Teetrinken aufs Weingut fahren, um Gesellschaft zu haben. Irgendwann muss ich aber dorthin, um noch ein paar Sachen abzuholen. Er hat schließlich immer noch keinen Führerschein und sie ist die Letzte, die ich um einen Gefallen bitten möchte. Ich will ihr nie wieder über den Weg laufen.

Sie kommt mir in meiner Küche entgegen. Es ist das erste Mal, das wir uns seit der Trennung gegenüberstehen.

Ich halte einen Augenblick inne und sehe die Situation lebendig vor mir. Durchquere noch einmal die Wohnung, die bis vor Kurzem meine war, die weiten und ineinander übergehenden

Flächen, die weiß gekalkten Gewölbe, die Terrassen und die *Garrigue* dahinter.

„Die Konfrontation mit einer Rivalin war Ihnen ja bereits vertraut."

„Ich hatte trotzdem gehofft, dass sie so diskret sein würde, in dem Moment, in dem ich komme, nicht im Haus zu sein."

„Sie wollte Sie sehen."

„Sie kam mir verlegen lächelnd entgegen. Also habe ich auch gelächelt. Anstatt sie zu ohrfeigen, ließ ich mich von ihr in die Arme nehmen."

„Und Ihre Verletzung wartete brav vor der Haustür."

„Andere würden vielleicht das Geschirr aus den Schränken fegen, wenigstens den Mann ohrfeigen, die Katze kidnappen, der verräterischen Freundin die Zöpfe abschneiden, blöde Pocahontas mit ihren dicken, langen, pechschwarzen Haaren."

„Aber Sie nicht. Sie beherrschten ihre Gefühle."

„Es war mir nicht bewusst, wie sehr. Ich schloss meine Wut, meine Enttäuschung und meine Trauer irgendwo in mir ein und merkte nicht, dass sie überhaupt noch da waren. Was nicht zum guten Ton gehörte wurde nicht zugelassen."

„Wie es sich für ein artiges Mädchen gehört."

„Ja. Das kleine Mädchen in mir knickste und traute sich nicht auszusprechen, dass es sich verlassen, verraten und gedemütigt fühlte."

„Und das große Mädchen sah zu, wie eine andere Ihren Platz einnahm."

„Es ist mir immer schwergefallen, meinen Platz zu behaupten. Ich sehe zu, was die anderen machen, und ziehe mich in mich zurück. Meistens wartete ich darauf, dass andere mir einen Platz anboten. Das war hier geschehen. Ich war draußen."

„Die Party ging ohne sie weiter." Sie scheint es so gut zu wissen wie ich selbst.

„In diesem Fall hatte ich es den beiden wirklich sehr bequem gemacht. Ich habe es widerstandslos hingenommen, dass eine

Freundin an meine Stelle tritt. Ich bin protestlos gegangen und habe nach eigenen Lösungen gesucht. Ich habe alle Umzugsanstrengungen so gut wie alleine getragen und ohne jede Forderung begonnen, mir aus eigenen Mitteln ein neues Leben aufzubauen."

„Ein Fliegenpilz tanzt nicht."

„Ich habe mich einfach zurückgezogen und vergessen, meine Grenzen deutlich zu machen. Ich konnte mich nie gut abgrenzen. Schließlich hatte ich es mir zur Lebensaufgabe gemacht, Grenzen zu überwinden. Ich hatte nicht begriffen, dass dazu auch Abgrenzungen nötig sind. Es war mir nicht klar, wie lebenswichtig es ist, seinen Raum zu schützen und zu signalisieren ‚bis hierhin und nicht weiter'. Um das zu begreifen, sollte ich ein paar Jahre später einen hohen Preis bezahlen."

Mittlerweile scheint die Sonne auf die Bank und es wird zu heiß. Wir verlassen den Kreuzgang und durchqueren das im Dämmerlicht liegende Hauptschiff der schlichten romanischen Kirche. Es wird nur von ein paar Gebetslichtern und einem Sonnenstrahl erleuchtet, der sich durch das einfache Kreuz über der Altarwand fächert. Die großen Steinplatten im Eingang wurden im Laufe der Jahrhunderte durch unzählige Besucherschritte verformt und spiegelblank gerieben. Draußen steuern wir durch das träge Treiben des Sommernachmittages auf einen der Terrassentische im Schatten der ausladenden Platane des Dorfplatzes zu.

„Es war nicht das letzte Mal, dass Sie auf dem Weingut waren." Wie immer spricht sie mit Bestimmtheit aus, was sie eigentlich nicht wissen kann.

„Ich bin noch ein paar Mal hingefahren, bevor eine lange Funkstille eintrat. Jedes Mal war ich erstaunt darüber, wie viele Dinge unverändert geblieben waren, so wie ich sie hinterlassen hatte. Sogar meine naive selbstgetöpferte Weihnachtskrippe stand noch in der Nische gegenüber dem großen offenen Kamin. Erst viele Jahre später wird sie herausgenommen werden. An ihre Stelle wird eine Urne gestellt."

Eine Zeit lang fühle ich mich wie in einer Schneekugel, die man geschüttelt hat und in der langsam die glitzernden Flocken auf den Grund sinken. Irgendwie schaffe ich es, genug Unterricht und ein paar Übersetzungen zu finden, um mich finanziell über Wasser zu halten. Immer dann, wenn ich es brauche, ist ausreichend Geld da. Es ist oft knapp, aber ich bin nie wirklich in Schwierigkeiten. Ich habe immer genug für das Wesentliche und auch für Schönes.
Langsam finde ich neue Freunde. Doch eines haftet einer Frau ohne Mann immer an: Sie ist eine Gefahr für die Frauen mit Männern. Die haben keine Lust, sich potenzielle Konkurrenz ins Haus einzuladen und ziehen gerade Zahlen bei Tisch vor. Ein alleinstehender Mann schmückt. Eine alleinstehende Frau ist eine Rivalin. Schmerzhafter als keinen Mann mehr an der Seite zu haben ist es für mich, mich oft nicht richtig integriert zu fühlen.

Glücklicherweise bin ich nicht die einzige Frau ohne Mann. Wir treffen uns in Cafés, auf Terrassen, und am Samstag auf dem Markt. Im Frühjahr stellen mir meine neuen Freundinnen einen Mann mit traurigen Augen vor: Er mache Schmuck, doch nicht irgendwelchen. Er verkaufe ihn sogar in Amerika! Er sei erst seit Kurzem getrennt, nach fünfunddreißig Jahren Ehe, fünfunddreißig Jahren gemeinsamem Leben und Arbeiten.
Er interessiert mich nicht. Viel zu kompliziert. Ich will mich amüsieren. Mein Herz ist gerade dabei, sich einigermaßen zu erholen. Wir trinken einen Kaffee zusammen und ich wünsche ihm einen guten Weg. Er kennt nur meinen Vornamen und findet ihn im Telefonbuch. An einem Sonntagmorgen kurz vor Ostern ruft er an.

Ich spreche nicht weiter. Schweigend nehme ich einen Schluck aus meiner Kaffeetasse. „Und was glauben Sie, was dann passiert ist?"

„Wie kann ich das wissen? Es ist doch Ihre Geschichte."

Ich sehe sie an. „Tatsächlich? Ich habe immer mehr den Eindruck, dass Sie sie schon kennen. Seit Sie mir zuhören spüre ich, dass sie etwas mit dieser Geschichte zu tun haben. Täusche ich mich?"

Sie blickt mich nicht an und schweigt. Nach einer Weile sagt sie: „Nein, Sie täuschen sich nicht."

Trotz meiner Vermutung bleibt mir der nächste Schluck im Hals stecken.

„Wir sind uns schon begegnet."

Ich starre sie sprachlos an. Warum sagt sie mir das erst heute?

„Ich kann es Ihnen nicht erklären. Sie werden es erfahren. Aber nicht jetzt. Später."

In was für ein Spiel bin ich geraten? Worum geht es hier? Was ist ihre Rolle? Was hat sie mit mir und meinem Leben zu tun?

„Es war also kein Zufall, dass wir uns unten am Fluss getroffen haben? Kein Zufall, dass Sie mich dazu aufgefordert haben, Ihnen meine Geschichte zu erzählen? Sie haben es von Anfang an darauf angelegt? Sie haben es eingefädelt, dass ich mich Ihnen anvertraue und mein Leben vor Ihnen ausbreite? Sie wussten, wo Sie mich finden können?"

Meine Verwirrung steigt. „Natürlich, ich hätte es wissen sollen! Niemand spricht einen fremden Menschen einfach so an und fragt ihn, ob er ihm seine Lebensgeschichte erzählt."

„Und vielleicht gibt niemand sein Leben einfach so preis, wie Sie es getan haben."

Mir dreht sich der Kopf.

„Sind wir beide unglaubwürdig?"

„Wir sind Teil derselben Geschichte."

„Was haben Sie mit mir zu tun?"

„Sie werden es nur erfahren, wenn Sie weitererzählen."

Er kommt am selben Tag zum Tee, der erst zum Aperitif wird und dann zum Abendessen. Er redet. Seine Geschichte fließt förmlich aus ihm heraus. Ich höre zu. Hin und wieder unterbricht er sich und sagt entschuldigend, dass er normalerweise nicht viel spricht. Viele Fäden überschneiden sich: Die gescheiterte Beziehung, die gemeinsame Arbeit, die zwei Krebserkrankungen seiner Frau, die Symbiose, die zum Überlebenskampf wurde, das Wiederfinden einer Großfamilie, die Erinnerung an den Unfall, der sie tief erschüttert hatte. Die Rallye an einem Märzsonntag, an der die sieben Geschwister teilnahmen, die missachtete Vorfahrt, die tote Schwester auf der Frühlingswiese. Die Schuldgefühle, der Schmerz, die Angst und die Hoffnung auf einen Neuanfang. Als er geht, spüre ich, wie er in mir einen Anker sucht.

Das will ich nicht sein. Er wirkt verloren und fast bedrohlich in seiner Orientierungslosigkeit. Ich weise ihn zurück. Er ist fassungslos. Ein paar Tage später begegnen wir uns zufällig. Ich bin erleichtert, ihn zu sehen. Er wirkt aufgelöst und hilflos. Wir stehen uns zwischen parkenden Autos gegenüber und halten uns an beiden Händen. In dicken Tropfen fallen seine Tränen darauf. Nie hat mich ein Mann auf diese Weise angerührt. Er spielt nicht, er will nicht irgendwie erscheinen oder Eindruck auf mich zu machen. Er ist, was er ist. Wie ein aus dem Nest gefallener Vogel steht er in all seiner Verletzlichkeit vor mir und ich habe das Gefühl, sein Herz in meinen Händen schlagen zu spüren.

Er akzeptiert, dass ich keine Paarbeziehung möchte. Wir werden Freunde. Ich höre ihm zu. Es tut mir gut, Zeit mit diesem Mann zu verbringen, der sich so offen und vertrauensvoll zeigt. Er steht nicht federgeschmückt und wortgewaltig auf einer Bühne, sondern bis zum Hals im Sumpf seiner verwirrten Gefühle.

Langsam entdecke ich seinen Glanz und kann den kostbaren ungeschliffenen Kristall in ihm vermuten. Doch eine Liebesgeschichte kommt für mich nicht in Frage. Durch meine Träume ziehen mittlerweile Kolonien von Männern, alte und neue Schwärmereien, vor allem ein einsamer Bergsteiger, auf den ich schon lange ein Auge geworfen habe.

An einem Abend im Mai komme ich nach einem unerfreulichen Rendezvous in seine Schmuckwerkstatt. Dort sitzt er über die Werkbank gebeugt und in seine Arbeit vertieft, ein dunkler, schöner Mann mit starken Händen. Er hat an diesem Abend nicht auf mich gewartet. Er ist ganz frei, ohne jede Forderung an mich. In diesem Augenblick sehe ich ihn zum ersten Mal so, wie er sein kann, wenn er ganz bei sich ist. Ich erkenne den Künstler.
Er ist ein Zauberer. Er spielt mit Volumen und Perspektiven, kombiniert Edles mit Banalem, lässt Tiefe erahnen und überrascht immer wieder den Blick des Betrachtenden. Eine unerwartete Tür öffnet sich.

Mein erster Ring ist ein einfacher Eisendraht mit ein paar goldenen Flecken. Er ist offen, wie unsere Beziehung. Siebzehn Jahre trennen uns: Zwei Fragende, die beide nicht mehr an die eine, die große Liebe glauben, und die keine Familie miteinander gründen wollen. Ich suche nicht den Prinzen in ihm, sondern den einfachen Mann, das zugleich starke und verletzliche Wesen, den Liebhaber, den Gefährten, den Freund.
Kurz bevor er zu einer Messe nach Las Vegas fliegt, verliebe ich mich in ihn. Plötzlich ist das bisher Unvorstellbare einfach da. Ganz leise ist es gekommen, ganz selbstverständlich. Eine neue, frische Schwerelosigkeit erfasst mich. Nichts ist verloren und die Liebe hält erneut Einzug in mein Leben. Nicht mit Pauken und Trompeten dieses Mal, sondern mit leisen Klängen. Als er fort ist, hinterlässt er eine köstlich schmerzhafte Leere. Als er

wiederkommt, tauche ich in seine Arme und richte mich in ihnen ein. Ich bin glücklich.

Ein paar Tage später ertastet er einen Knoten in seinem Bauch. Ich begleite ihn zu den Untersuchungen und stehe an seiner Seite, als die Diagnose fällt. Es ist kein Krebs. Es ist eine lebensgefährliche Erweiterung der Bauchaorta, die sofort operiert werden muss. Sie kann jederzeit platzen. Er hat großes Glück gehabt, dass sie das nicht während seines Fluges getan hat. Es ist Freitag, er wird direkt in die Klinik überwiesen. Doch er weigert sich, das Wochenende ohne mich zu verbringen und lacht über meine Versuche, ihn wie ein rohes Ei zu behandeln.

Er übersteht die Operation. Doch er will nicht wieder aufwachen. Nur langsam findet er ins Leben zurück. Doch in welches Leben? Das Unverarbeitete der letzten Jahre und Jahrzehnte trifft ihn mit voller Wucht und unsere Beziehung schlingert wie ein außer Kurs geratener Kahn. Ich zweifele. Wir stehen uns gegenüber, setzen uns auseinander, spiegeln einander und berühren uns dort, wo es weh tut. Wir erblicken im anderen, was wir vor uns selbst zu verbergen suchen. In guten Zeiten scheint es mir, als seien wir beide wie rohe Diamanten: Erst durch das Abschleifen der dunklen und rauen Stellen kommt der Stein zum Leuchten.

Mein zweiter Ring ist geschlossen: Ein breiter silberner Reif, um den sich ein goldener Zweig windet. In ihm blüht ein kleiner Diamant. Ich breche in Tränen aus, als ich ihn bekomme. Dieser Ring, das bin ich! Ich fühle mich von ihm erkannt! Es ist das schönste und wertvollste Stück, das ich je besessen habe.

Ich werde diesen Ring niemals abnehmen. Viele Jahre wird er meinen Finger nicht verlassen - bis zu meinem Geburtstagspicknick am Fluss. Ich springe in die Stromschnellen, lasse mich von ihnen treiben, und als ich unten im ruhigen Wasser ankomme, starre ich fassungslos auf meine leere Hand. Mein Ring! Er ist fort!

Entsetzt reiße ich meine Hand hoch. Er winkt zurück. Alle Gäste machen sich auf die Suche. Man schnorchelt, taucht, schiebt Steine zur Seite, während ich mit hängenden Schultern am Ufer sitze. Ausgerechnet diesen Ring zu verlieren ist kein gutes Zeichen. Er gehört zu mir! Und nun liegt er irgendwo zwischen den Steinen auf dem Grund des Hérault, auf immer für mich verloren.

Meine Grübelei wird durch einen Freund unterbrochen, der mir gerade erzählt hatte, dass er einen kennt, der nach zehn Jahren einen verlorenen Siegelring am Strand wiedergefunden hat. ,Hast du Seife?' An seiner Hand leuchtet mir mein Ring entgegen! Er hat ihn in den Stromschnellen zwischen den Steinen wiedergefunden!

Die ersten Hürden sind überwunden. Wir beschließen, zusammen ein Haus zu kaufen. Nach meiner Einschätzung haben wir fünfzig, nach seiner zwanzig Wohnobjekte besichtigt. Seitdem glaubt er, es sei typisch für Hamburger, maßlos zu übertreiben.

Endlich stehen wir zusammen auf dem Dorfplatz eines kleinen Winzerdorfes, dessen Namen wir Schwierigkeiten haben auszusprechen: Puilacher. Der Makler zeigt uns das Haus eigentlich nur aus Verlegenheit, weil wir in das Haus, was wir eigentlich besichtigen sollten, nicht hineingekommen sind. Wir gucken uns die Räume an, das zukünftige Atelier, die Schlafzimmer, die Gästezimmer, den Innenhof, alles sehr auffrischungsbedürftig, aber bewohnbar. Genau richtig für uns! In unseren Köpfen spielt sich das Gleiche ab. Es ist, als hätte uns dieses Haus gerufen. Wir entscheiden sofort, ohne uns miteinander absprechen zu müssen: Das ist es. Das nehmen wir!

Über ein halbes Jahr müssen wir uns gedulden, bis wir endlich beim Notar sitzen, er in Badelatschen, ich im eleganten Sommerkleid. Da bis zum Schluss wegen komplizierter Erbgeschichten nicht klar ist, ob der Verkauf überhaupt zustande kommt, haben wir zu diesem Zeitpunkt noch nicht einen einzigen Handwerker. *Und nur drei Monate Zeit zum Renovieren.*

Mauern müssen herausgestemmt werden, Eingänge versetzt, Badezimmer eingebaut und vor allem die Elektrizität völlig neu gemacht. Bis dahin dachte ich, dass man dafür nur ein paar Leitungen verlegen muss. Entsetzt beobachte ich, wie ein fluchender Elektriker mit schlechten Manieren eine Wand nach der anderen aufstemmt und sich unser neues Heim erst einmal in eine Schutthalde verwandelt. Zu spät erfahren wir, dass er eigentlich Fernfahrer ist und verstehen, warum er immer ein Buch dabeihat.

Währenddessen stehe ich mit meinen Pinseln bereit und versuche, dort zu streichen, wo möglichst wenig Staub ist. Meine Geduld wird auf allerhöchste Proben gestellt. Doch nach drei Monaten schaffen wir es, einzuziehen.

In der zweiten Nacht im neuen Heim bekommen wir unerwarteten Besuch über die Regenrinne. Als ich morgens in die Küche komme, fehlen unsere Taschen mit allem drin.

Jemand aus dem Nachbardorf findet unsere Papiere und Brieftaschen ohne das Bare in den Weinbergen und wir verschließen Fenster und Türen zukünftig sorgfältiger. Offenbar ist es hier nicht so harmlos, wie es aussieht.

Vor allem ist es nicht einfach, neue Freunde zu finden. Denn es gibt nichts: kein Geschäft, kein Café, keinen Bäcker, nur ein paar Winzer, ein Rathaus, eine Burg, eine Kirche, einen Briefkasten und zwei Bushaltestellen. Doch glücklicherweise gibt es Menschen, deren Berufung es zu sein scheint, Verbindungen zu herzustellen. Der marokkanische Gemeindeangestellte ist eine wahre Fundgrube und die Ärztin mit den orangefarbenen Haaren in dem Haus, das nur so aussieht, als sei es ein Café, schafft erste zarte Kontakte. Ein Sohn des Dorfes, Nachkomme spanischer Einwanderer, dessen Leben zwischen Stockholm und Puilacher pendelt, organisiert eine Soirée für uns und legt damit den

Grundstein für unseren Eintritt in eine bunte Gesellschaft aus allen möglichen Ecken Frankreichs und der Welt.

Die Leute sind hier, weil sie es wollen. Entsprechend gestaltet sich das Leben. Ende Juni werden für das Dorffest Tische und Stühle auf den Platz vor unserem Haus geschleppt und Girlanden gespannt. Es gibt Tombola, ein großes Boules-Turnier, Lamm am Spieß und einen Ball auf der Straße, die das Dorf durchquert. Sie muss dafür nicht einmal abgesperrt werden.
In den Sommermonaten treffen wir uns zu Tapas, Wein und Livemusik bei einem der Winzer. Wir sehen uns im Nachthemd zum Austernwagen schlurfen, der jeden Freitag vor der Kirche hält, und in feiner Garderobe beim Empfang in der Burg. Zu Silvester gehen wir auf Tournee: Aperitif und Austern bei uns, zum Hauptgericht werden alle auf mehrere Häuser verlost und ab Mitternacht gibt es in einem weiteren Haus Musik und Tanz. Auf ein Neues!

Auf der Terrasse werden inzwischen die Tische für den Abend gedeckt. Die ersten Touristen kommen frisch geduscht zum Aperitif.

„Das Leben war wieder unbeschwert."

„Ja, das war es. Uns ging es gut. Er war wieder im Leben. Die Zeit der Depression war vorbei. Wir waren zusammen angekommen. Er hatte mittlerweile auch sein Atelier umgezogen und es unten im Haus eingerichtet. Ich hatte mal wieder einen Verein gegründet und arbeitete in der Erwachsenenbildung. Unsichere Jobs, doch ich konnte mich nicht beklagen. Wir hatten ein großes, offenes Haus, ein paar Katzen, das ganze Jahr über Sonne und den Strand vor der Haustür."

„Was hätte da noch gefehlt?"

In die Tiefe tauchen

Mein dritter Ring ist ein Ehering. Drei Mal verschlingt sich das goldene Band. Der Schriftwechsel mit den Behörden hat fast ein Jahr gedauert. Vor allem meine in Deutschland geschlossene und in Frankreich geschiedene erste Ehe hat die Angelegenheit verkompliziert. Doch endlich sind alle Papiere da. Unsere Ehetauglichkeit wurde auf höchster Ebene durch ein Ehefähigkeitszeugnis anerkannt.

Wir planen ein ganz kleines Fest, nur mit unseren Trauzeugen, die hier sowieso Urlaub machen wollen. Und vielleicht ein paar Nachbarn. Gleich nach der Hochzeit wollen wir nach Amerika fliegen. Er hat eine Ausstellung in einer Galerie in Santa Fe. Vorher streiche ich noch schnell die Garage, die das gesamte Erdgeschoss einnimmt. Sie soll ein Raum für Ausstellungen und alles Mögliche werden.

Die weiße Kalkmilch rinnt mir in der Julihitze über den Körper. Abends bürste und schrubbe ich an mir herum - und ertaste einen Knoten in meiner Brust. Ganz deutlich.

Zwei Tage später die Mammografie: Ja, da ist was! Ich bekomme einen Termin für die darauffolgende Woche – am Tag unserer Hochzeit. Es ist Freitagabend. Ich flehe die Ärztin an, diese Biopsie sofort durchzuführen. Sie lässt sich erweichen. Betäubt fahre ich nach Hause.

Was ist, wenn!? Krebs? Ich? Jetzt? Unmöglich! Ich verbringe eine Woche mit Herzklopfen und zähem Warten auf das Ergebnis. Die lähmende Ungewissheit ist unerträglich. Als es endlich soweit ist, bin ich erleichtert. Wir fahren in die Praxis. Knie an Knie sitzen wir nebeneinander in einem winzigen, fensterlosen Zwischenraum und warten auf die Ärztin. Es ist ein bösartiger Tumor.

*Die Bombe ist geplatzt. Die Katastrophe ist da. Es ist Krebs. Krebs!
Doch der Boden unter mir tut sich nicht auf, um mich zu
verschlucken. Ich sitze immer noch da, wie vor ein paar Minuten,
in denen zumindest die Hoffnung existierte, dass meine Welt noch
in Ordnung war. Vor ein paar Minuten war es noch möglich, dass
wir erleichtert zusammen aus der Praxis zurückfahren und noch
ein bisschen einkaufen würden, um mit unseren Trauzeugen, die
gerade auf dem Weg zu uns waren, zu Mittag zu essen.
Gemeinsam würden wir über die ausgestandene Angst lachen, ein
paar Tage später eine schöne kleine Hochzeit miteinander feiern
und dann nach Amerika fliegen. Für mich das erste Mal. Danach
würde unser Leben so weiter gehen wir bisher.*

*Auf einen Schlag ist alles anders. Ich spüre, wie sich die Angst der
letzten Tage auflöst und in eine pochende Gewissheit verwandelt.
Da ist kein unfassbares Wabern mehr, kein dunkles Loch, sondern
eine knallharte Diagnose mit Ziffern und Kürzeln, die ich nicht
verstehe und die mich eigentlich auch nicht besonders
interessieren.*
*Die freundliche Ärztin lässt mir keine Zeit, in Panik auszubrechen:
„Wir arbeiten mit einer Klinik zusammen, mit der wir gute
Erfahrungen haben. Sie können sich gerne noch informieren und
nach etwas anderem umsehen, doch wir empfehlen Ihnen, hier
nicht ohne einen Termin bei einem Chirurgen rauszugehen".
Er hält meine Hand und sagt nichts, bis er den Namen der Klinik
hört. Es ist dieselbe Klinik, in der seine erste Frau zwei Mal mit
Brustkrebs behandelt wurde. Ich akzeptiere das Angebot und
bekomme noch am selben Nachmittag einen Termin. Wie in Nebel
gehüllt fahren wir nach Hause. Vor der Haustür warten unsere
Trauzeugen.*

Ich bestelle ein Glas Rotwein. Weich streicht eine Brise durch
das Blätterwerk der Platane, die schützend ihr weites Astwerk
über den Platz erstreckt.

„Ein großes Durcheinander."

„Ja, das war es. Doch seltsamerweise kam von irgendwoher gleichzeitig so etwas wie eine beruhigende Kraft. Lag es daran, dass die Angst, die eine Woche lang wie eine diffuse, dunkle Wolke über mir schwebte, nun Gestalt angenommen hatte? Sie war greifbar geworden – und damit auch lenkbar. Die Ungewissheit hatte mich gelähmt. Nun wusste ich, womit ich es zu tun hatte."

„Sie waren bereit, in die dunkle Höhle hineinzutreten."

Wir fahren sofort weiter in die Klinik. Der Chirurg holt die letzten Ergebnisse der Biopsie per Telefon ein und erklärt mit Bestimmtheit: „Wir fangen mit einer Chemotherapie an, sechs Sitzungen im Abstand von drei Wochen. Dadurch versuchen wir, den Tumor vor der Operation zu reduzieren, damit der Eingriff möglichst gering ausfällt und die Brust in ihrer Form erhalten bleiben kann. Zum Schluss bekommen Sie Bestrahlung, fünfunddreißig Sitzungen insgesamt, und begleitende Hormontherapie. Damit haben Sie gute Chancen."

Er lächelt vielversprechend. Ein sympathischer Mensch. Der Mann scheint zu wissen, was er tut. Reine Routine. Er kann mir jedoch nicht sagen, wie ich auf die Behandlung reagieren werde. „Jeder Mensch ist anders." Es sei keine absolute Eile geboten, wir können ruhig heiraten und nach Amerika fliegen. Doch wir sollten früher zurückkommen, damit man mit der Chemotherapie Mitte August beginnen kann.

Erst jetzt beginne ich zu begreifen: Mein Leben wird sich grundsätzlich verändern. Ich werde eine Zeit lang nicht arbeiten können. Ich werde vielleicht eine Weile überhaupt nicht das tun können, was ich normalerweise tue. Wie stark werden die Nebenwirkungen sein? Werde ich meine Haare verlieren? Übelkeit empfinden? Schmerzen? Schwäche? Immer wieder bekomme ich die gleiche Antwort: „Jeder Mensch ist verschieden".

Zu Hause schreibe ich eine Sammelmail und telefoniere. In diesem Moment ist alles erstaunlich undramatisch. Niemand scheint besonders schockiert zu sein. Niemand bricht in Tränen aus. Wollen sie mich nicht beunruhigen oder strahle ich so viel Zuversicht aus? „Macht euch keine Sorgen, ich komme schon zurecht. Alles wird gut."

„Sie sind ja schließlich gut trainiert darin, sich möglichst keine Schwächen zu erlauben und die Zähne zusammenzubeißen, wenn es donnert."

„Selbst nach meiner Krebsdiagnose konnte ich mich nicht schwach zeigen. Ich ging auf den Dorfplatz hinaus, lächelte und sagte jedem, den ich kannte, dass ich Krebs habe. Ich habe es einfach so getan, ohne mir Gedanken darüber zu machen. Es musste eben raus. Das war einerseits gut, denn so würde keiner verschämt nachfragen müssen oder hinter meinem Rücken anfangen zu tuscheln. Meine Direktheit gab mir Zuversicht und nahm anderen die Verlegenheit und die Unsicherheit."

„Doch auf der anderen Seite gingen Sie wie üblich ziemlich streng mit sich ins Gericht."

„Los jetzt, bloß nicht weinen. Sei stark. Du schaffst das. Ich war bestens trainiert im Selbstcoaching. Alles, was ich für einen Anfall von Schwäche hielt, schob ich weg. War ich nicht immer ein Stehaufmännchen gewesen? Hatte ich dem Leben nicht oft genug gezeigt, dass ich nicht unterzukriegen bin?"

„Doch ihr Körper sah das anders. In ihm hatte sich das, was sie immer wieder wegschoben, seinen Weg gebahnt."

„Mein Körper hatte alles in sich aufgenommen. Nichts hatte er vergessen. Alles Verdrängte hatte sich tief in ihn eingeprägt. Es war, als würde er nun das, wofür viele Jahre lang kein Ventil vorhanden war, zum Vorschein bringen. Endlich konnte ich damit beginnen, mich um meine schwachen Seiten zu kümmern."

Das Protokoll steht. In einer knappen Stunde wurden die folgenden Monate meines Lebens minutiös durchprogrammiert. Ich würde gut beschäftigt sein.

Viel Zeit zum Nachdenken habe ich nicht. Ohne zu zögern steige ich in den Zug. Was blieb mir auch anderes übrig? Krebs bedeutet eben Chemotherapie und Bestrahlung. Von anderen Möglichkeiten hatte ich nie etwas gehört. Der Zug fährt mit mir ab.

Anstatt mich über Alternativen zu informieren, gibt es etwas Wichtigeres zu organisieren: die Hochzeit! Es sollte ja nur ein ganz kleines Fest werden. Doch nun kommt bei uns beiden der Gedanke hoch: Jetzt erst recht! Schließlich weiß keiner, wie es nach den Behandlungen um mich stehen wird.

Zwei Tage später werden mir in der Klinik ein paar Lymphknoten entfernt und der Port für die Chemotherapie gelegt. Nach zwei weiteren Tagen stehen wir in der brütenden Julihitze in dem kleinen Rathaus des Dorfes. Mit im Raum sind über siebzig Menschen. Der Bräutigam freut sich, seinen langehegten Witz anbringen zu können und tut so, als ob er beim Jawort zögert. Draußen gibt es Champagner, Konfetti und danach ein spontanes, improvisiertes Gartenfest, auf dem ich für einen Abend Prinzessin bin.

Am folgenden Tag testet ein Kardiologe mein Herz und am Tag darauf fliegen wir nach Neumexiko. Wir haben nur einen Koffer, da ich nach der Operation nicht schwer tragen darf. „Sind Sie hier, um Nackturlaub zu machen?" Sogar amerikanische Zollbeamte haben Humor. Sofort fühle ich mich wie ein Fisch im Wasser. Die Landschaft ist grandios, die Menschen sind erfrischend direkt, kontaktfreudig und offen. Es gibt so viel zu entdecken, dass die Angst nicht mitgereist ist.

Mitte August fliegen wir zurück nach Montpellier. Noch im Jetlag werde ich durch die strahlende Morgensonne zu meiner ersten Chemotherapie gefahren. Neidisch gucke ich aus dem Auto auf die anderen, die zur Arbeit fahren. Was würde ich für diese Normalität geben!

Die erste Sitzung vertrage ich relativ gut. Dann verliere ich meine Haare. Es kommt ganz plötzlich, von einer Minute auf die andere. Wenn ich mir mit der Hand durch die Haare fahre, habe ich sie in Büscheln in der Hand. Entsetzt laufe ich nach unten ins Atelier. Eine Freundin ist dort. Zusammen gehen wir durch die Weinberge. Immer wieder fahre ich mir mit den Händen durch die Haare, feine blonde Haare, die mir immer zu dünn waren, und lasse sie schluchzend vom Wind forttragen.

Als wir zurückkommen, setze ich mich vor einen Spiegel in den Garten und schneide sie mir selbst ganz kurz. Fast macht es Spaß, einfach drauf los zu schnippeln. Jetzt ist alles egal. Haarschnitt, Farbe, Fülle – für die nächste Zeit bin ich das Kopfzerbrechen darüber los, wie meine dünnen Haare dichter aussehen.

Am nächsten Morgen binde ich mir ein Tuch um den Kopf, gehe auf den Markt und sehe zwischen den Gemüseständen eine Frau auf mich zukommen, die ich sehr lange nicht gesehen habe.

„Ihre einstige Rivalin."

Auf der Terrasse unter der großen Platane herrscht mittlerweile reges Treiben. Im Stimmengewirr der Nebentische wird es immer schwieriger, sich zu verstehen.

„Ja. Genau die. Die Frau, die mit meinem ersten Mann zusammenlebt."

„Die Person, der Sie in dieser Situation am allerletzten begegnen wollten."

Sie nimmt ihr Tuch ab. Ihre feuerroten Locken lodern und umspielen die herbe Schönheit ihres Gesichts. Ich bin im Bann der ursprünglichen und ungebändigten Kraft ihres Wesens. Den Augenblick eines Flügelschlags lang ist mir, als würde ich einen Teil von mir selbst in ihrem Wesen erkennen. Doch das Fenster schließt sich, noch bevor ich etwas Genaueres erblicken kann.

„Wer sind Sie? Was machen Sie mit mir? Was haben Sie mit meinem Leben zu tun?"

Sie hält meinem Blick stand. „Ich kann es Ihnen nicht sagen. Sie müssen es selbst entdecken."

Ich will fort von diesem Platz. Ich will mich bewegen. Schweigend gehen wir durch die schmalen, jetzt in sanftes Abendlicht getauchten Gassen. Zu beiden Seiten erheben sich die alten Steinmauern. Sie haben mehrere Jahrhunderte gesehen. Immer wieder zweigen Treppen von der Hauptgasse ab und führen hier zu einem versteckten Garten, dort zu einem schmalen Platz oder einer verborgenen Terrasse. Unten überqueren wir die Straße und gelangen an den Fluss. Wie immer fühle ich mich vom Wasser angezogen. Wasser ist mein Element, das meines Sternzeichens: Krebs.

Als wir uns auf dem Markt treffen weiß ich, dass sich auch in ihrem Leben etwas verändert hat. Ich hatte Geschichten über sie gehört. Sie sei krank. Jemand hatte sie im Dorf gesehen. Sie sähe schlecht aus. Doch niemand wusste etwas Genaues und es blieb bei Spekulationen. Als ich nach meiner Diagnose über alle Dächer rief, dass ich Krebs habe, hörte ich über eine gemeinsame alte Bekannte, dass sie an einem fortgeschrittenen Gebärmutterkrebs litt. Doch sie wollte nicht, dass jemand von ihrer Krankheit weiß und hatte sich vollkommen zurückgezogen.

Als wir in der Septembersonne aufeinander zugehen wissen wir beide, dass die andere es weiß. Wir stehen uns gegenüber. Zwei Frauen mit Krebs. Eine mit Perücke mit langen schwarzen Haaren, die andere mit einem zum Turban gewickelten Tuch. Beide frei von Bitterkeit.

Wir nehmen uns lange in die Arme. Am Abend sitzen wir zu viert vor dem Kamin auf dem alten Weingut. Ich spreche von 'meinem' Krebs. Sie erstaunt die Wortwahl. Seit zwei Jahren ist sie in

Behandlung - in derselben Klinik und beim selben Onkologen wie ich. Lange hat sie die Blutungen ignoriert. Sehnsüchtig wünschte sie sich ein zweites Kind.

Als die Diagnose fällt, hat sich die Krankheit bereits im ganzen Körper ausgebreitet. Doch sie will sie nicht wahrhaben. Sie lässt sich nicht operieren. Sie will keinen Port für die Chemotherapie und lässt sich so lange stechen, bis keine Krankenschwester mehr dazu bereit ist. Keine Schwäche will sie zeigen. Alles setzt sie daran, die Dinge kontrollieren zu können. Um jeden Preis.

Nichts fürchtet sie mehr als das Mitleid der anderen. Das Leben soll normal weitergehen. Mit aller Kraft tut sie so, als sei alles in Ordnung. Kaum jemand weiß von ihrer Krankheit. Ihren Eltern hat sie nicht davon erzählt. Sie kämpft.

Trotz eiserener Disziplin entgleiten ihr die Dinge. Ihr Körper wird schwächer und sie hat starke Schmerzen. Gleichzeitig wird sie immer weicher. Die starre Rüstung, die zwischen uns gestanden hatte, bekommt Risse und Öffnungen. In der Zeit, die wir miteinander verbringen, lerne ich die Freundin in ihrer Echtheit und ihrer strahlenden inneren Größe kennen. Sie versteckt sich nicht mehr. An einem Novembermorgen ruft sie an und bittet mich um Verzeihung. Nichts steht mehr zwischen uns.

Währenddessen läuft mein Protokoll. Ich komme einigermaßen gut durch meine Behandlungen. Ende November habe ich meine letzte Chemotherapie. Anfang Januar werde ich operiert. Zu Weihnachten habe ich in Deutschland einen bitterbösen Krimi geschenkt bekommen, der mich von meiner Nervosität ablenkt. Ist der Tumor doch grösser als vermutet? Finden sie überraschend noch mehr Tumoren und müssen mir die Brust abnehmen? Werde ich wieder aufwachen? Als man mich in den Operationssaal schiebt, bleiben mir noch drei Seiten von meinem Krimi. Ich muss aus dieser Operation aufwachen, um den Schluss zu lesen!

Ich wache auf. Er sitzt an meinem Bett und sagt, dass alles gut gegangen ist. Der Tumor ist fort und meine Brust ist noch da.

Zur gleichen Zeit kommt meine Freundin ins Krankenhaus. Wir werden in derselben Klinik behandelt und ich kann sie leicht besuchen. So oft es geht bin ich bei ihr. Wenn ich in ihr Krankenzimmer komme, ist da für mich kein Schrecken, sondern vor allem Licht und Zuversicht. Sie ist voll innerer Kraft: „Ich will leben!" Sie liebt das Leben, aufrichtig und voller Inbrunst. Sie stirbt an einem Sonntag Anfang Februar. Wir sind an diesem Tag bei ihr. Sie lässt ihr Leben, als eine Freundin aus der Heimat ihre Hand nimmt. Am Valentinstag wird sie beigesetzt. In der Nische vor dem Kamin wird die Krippe herausgeräumt und Platz für ihre Urne gemacht.

Ich bin müde. Der Mond steht im Halbrund am Himmel und übergießt die Landschaft mit feinem Silberlicht. Kein Windhauch weht, kein Insekt fliegt mehr, kein Fisch springt. Die Oberfläche des Flusses schimmert wie ein glatter Spiegel. Auf welcher Seite des Spiegels befinde ich mich? Was wissen wir schon davon, was geschieht, wenn wir auf die andere Seite gehen? Wir wissen nur, dass wir alleine durch einen engen Tunnel hindurchmüssen, an dessen Ende uns ein Licht erwartet.

Verborgene Perlen

Wir verabreden uns für den folgenden Tag. Ich wache früh auf, trinke meinen Kaffee noch im Bett, packe Badesachen ein und fahre zum Meer. *Les Aresquiers* ist ein langer, dünengeschützter Strand östlich von Sète. Nur eine schmale Landzunge trennt das Meer von der dahinterliegenden Lagune, in dem die rosafarbenen Flamingos gerade nach ihrem Frühstück tauchen. Der Strand ist um diese Zeit so gut wie leer. An der verabredeten Stelle schaue ich hinaus auf das Wasser. In der Ferne erscheint seine Oberfläche wie von Öl übergossen, glatt und glänzend. Das Meer: *La mer* – Urmutter des Lebens, aus der alles hervorgegangen ist. Zusammenschluss unzähliger einzelner Tropfen zu einer einzigen wogenden Einheit. Ein Stück weiter südlich von hier, zwischen Narbonne und Perpignan, hat es Charles Trenet besungen: *La mer, qu'on voit danser le long des golfes clairs*, ... wiegt auch mein Herz fürs Leben.

Ich schließe einen Moment die Augen. Als ich sie wieder öffne, sehe ich sie ein paar Meter von mir entfernt stehen. Wir setzen uns auf eine Steinmole. Am noch vom Morgendunst verschleierten Himmel kreischen Möwen.

„Ich liebe Wasser. Ich mag alles, was aus dem Meer kommt. Einmal habe ich geträumt, ich könnte wie ein Fisch schwimmen und unter Wasser atmen."

„So war Ihnen auch der Krebs schon vertraut."

„Ja, das war seltsam. Er war mir nicht wirklich fremd, als er auftauchte. Fast hatte ich ihn erwartet. Es war, als hatte ich immer schon eine leise Ahnung gehabt, dass er mir irgendwann begegnen würde. Wie so vielen Menschen heute."

Es sind Menschen, denen man oft nicht ansieht, welches Leid, welcher Verlust und welche Leere in ihnen wohnen. Menschen, die von außen gesehen ein gutes Leben führen. Was wissen wir schon davon, was sich in den Betroffenen abspielt? Wem sind seine inneren Wüsten und Abgründe wirklich bewusst?

Wenn der Krebs sich in uns ansiedelt und uns mit seinen Scheren zwickt, verstehen wir nicht. Wir halten ihn für ein heimtückisches Monster, ein Alien von einem fremden Stern, das uns vor die Füße fällt. Doch als ich meinem Krebs begegnete, verstand ich, dass er etwas mit mir und mit meinem Leben zu tun hat. Es gab für mich einen Grund, dass mein Körper ihn gebildet hatte. In meiner Familie hatte bis dahin so gut wie niemand Krebs. Ich achtete auf eine ausgeglichene und gesunde Ernährung, rauchte seit langem nicht mehr, lebte in der Natur, hatte regelmäßig Bewegung und war keinem besonderen Stress ausgesetzt. Das, was gemeinhin als Auslöser für Krebs gilt, traf bei mir nicht zu. Es musste etwas anderes sein.

Zusammen blicken wir auf das Wasser, das sich in tiefem Blau vor uns ausbreitet.

„Sie suchten nach einer Brücke, einer Verbindung zwischen ihrer Art zu leben und ihrer Krankheit."

„Ja. Daraus schöpfte ich meine Kraft. Ich war nicht hilfloses Opfer dessen, was mit mir geschieht. Ich fühlte mich nicht als Spielball eines ungerechten Schicksals, auf Gedeih und Verderb den Kompetenzen anderer ausgesetzt. Ich hatte selbst ein Wörtchen mitzureden."

„Sie waren bereit, die Verantwortung für Ihren Krebs zu übernehmen."

„So kann man es sagen. Diese Krankheit war nicht gekommen, um mich zu bestrafen. Ich trug keine Schuld an ihr. Sie teilte mir etwas mit. Sie trug eine Botschaft, die ich bisher überhört hatte."

„Doch sie konnten sich an dieser Botschaft verbrennen. Der Krebs konnte Sie umbringen."

„Ja, das konnte er. Dennoch betrachtete ihn nicht als meinen Feind. Ich fand es absurd, Körperzellen als bösartig zu bezeichnen. Diese Zellen waren krank. Sie waren bei der Zellteilung falsch kopiert worden und hatten ihre Fähigkeit verloren, mit ihrer direkten Umgebung zu kommunizieren. Sie machten, was sie wollten und funktionierten nach ihren eigenen Regeln. Doch sie taten es nicht mit dem Ziel, den Organismus, der sie beherbergt, umzubringen. Diese Zellen wollten leben! Sie zeigten mir, dass etwas in mir die Orientierung verloren hatte. Etwas in mir rief nach mehr Leben. Es war an mir, den Dingen einen neuen Sinn, eine neue Richtung zu geben."

„Dafür mussten Sie Kontakt mit dem Wilden in sich aufnehmen, dem, was in Ihnen sozusagen außer Rand und Band geraten war."

„Ja. Ich glaube, dass jeder Krankheit und letztlich jedem Problem eine Kommunikationsstörung zugrunde liegt. Leben ist Austausch von Informationen, Fluss, Bewegung. Wenn die Verbindung intakt ist, verschwindet das Problem. Die Botschaft ist übermittelt, das Symptom hat seine Rolle erfüllt und der Organismus kann gesund werden. Was der Körper gebildet hat, kann er jederzeit wieder zurückbilden, wenn man ihn lässt."

„Was meinen Sie: Wo war die Verbindung unterbrochen?"

„Genau das wollte ich herausfinden. Ich ging auf Entdeckungsreise. Nach dem Hin und Her meines Lebens war ich geübt im Erforschen unbekannter Territorien und im Erlernen neuer Sprachen."

„Sie waren auf Ihre Aufgabe vorbereitet?"

„Ja, ich war bereit. Ich hatte gute Voraussetzungen. So fühlte ich mich wie eine Abenteuerin, die auszog, die Welt in sich zu entdecken, eine Königin, die ihr inneres Reich wieder übernimmt. Doch alleine konnte ich das nicht schaffen. Ich brauchte Hilfe."

Immer, wenn meine Eltern nicht zu Hause waren, hat meine Großmutter von gegenüber auf uns aufgepasst. Viele Nächte bin ich in den dicken Plumeaus ihres Ehebettes versunken, über dessen gesamter Breite ein Engelsbild hing: Ein großer Schutzengel in langem pastellfarbenem Gewand, der zwei Kinder über eine brüchige Holzbrücke geleitet, während es im Hintergrund blitzt.

Nach dem Tod meiner Großeltern verschwand dieses Bild und ich habe es nie wieder gesehen - bis zu dem Tag, als ich zu Beginn meiner Behandlungen auf den Flohmarkt gehe. Ich schlendere durch die Septembersonne und sehe etwas Vertrautes in der Sonne blitzen. Das Engelsbild! Es ist dasselbe Motiv. Es käme aus dem Norden Europas. In Frankreich sei eine solche Malerei unbekannt, erklärt mir die Händlerin. Eigentlich wollte sie es gar nicht verkaufen. Sie wisse auch nicht, warum sie es am Morgen mit eingepackt hatte.

Da stehe ich mit meinem Turban und hätte jeden Preis für diese Herausforderung an den guten Geschmack bezahlt. Der Engel wechselt die Besitzerin und hängt seitdem in meinem Arbeitszimmer. Ein paar Wochen später bekommt er Begleitung. Auf einem anderen Flohmarkt finde in einer Kiste jede Menge Strickpuppen, von der liebevollen Hand der Großmutter des Verkäufers gefertigt. Ich kann mir nichts Überflüssigeres vorstellen, fange aber trotzdem an zu stöbern. Eine Ritterpuppe springt mir förmlich in die Hände. Unmöglich, sie wieder zurückzulegen.

Zu Hause setze ich meinen Ritter beiläufig dorthin, wo er nicht so auffällt: unter das Engelbild. Und da sind sie nun vereint: mein Ritter und mein Engel, mein Weibliches und mein Männliches, mein Körper und mein Geist. Mein Schutz auf der Erde und im Himmel.

„So ausgerüstet konnte sich die Entdeckerin auf den Weg machen."

„Mit meinem Ritter und meinem Engel an meiner Seite konnte dem feurigen Krebs in friedlicher Mission begegnen."

„Doch Sie blieben beim aggressiven Protokoll."

„Am Anfang habe ich überhaupt nicht darüber nachgedacht, ob es vielleicht einen anderen Weg für mich gibt. Erst durch die Nebenwirkungen wurde mir klar, was da mit mir gemacht wird. Das Protokoll behandelt ja nur das Symptom. Das Problem wird dadurch natürlich nicht gelöst. Man tötet sozusagen den Boten, ohne sich darum zu kümmern, was seine Botschaft ist. Ich wusste: Über kurz oder lang wird er wiederkommen und sich dann noch deutlicher äußern. Wer beim ersten Mal nicht erhört wird, der klopft beim nächsten Mal lauter."

„Sie haben sich also darauf eingelassen, die Tür aufzumachen und sich mit dem Boten zu unterhalten."

Für den Augenblick eines Wimpernschlags scheint es mir, als entstünde eine Passage zwischen ihr und mir. Die Ahnung dieser Verbindung bleibt als subtiles, aber beständiges Glimmen in meinem Bewusstsein zurück.

„Gehen wir ein Stück?"

Ich denke an die Zeit, die mir meine Krankheit gegeben hat. Durch die Behandlung war ich eine ganze Weile arbeitsunfähig und konnte mich mit mir und meinem Leben beschäftigen. Ich hatte Zeit für Rückblicke. Die gescheiterten Beziehungen. Die Abtreibung. Mein unerfüllt gebliebener Kinderwunsch. Die Enttäuschung, keine Familie gegründet zu haben. Der Glaube, dass erst Kinder dem Leben Sinn und Bedeutung geben. Und wenn frau schon keine Kinder bekommt, dann macht sie wenigstens Karriere oder umrundet ein paar Mal die Welt. Nichts davon hatte ich gemacht.

Meine gefühlte Unzulänglichkeit habe ich versucht, dadurch wieder gutzumachen, möglichst perfekt sein zu wollen. Eine tolle Lehrerin, bei der sich die Schüler nicht eine Sekunde langweilen und nicht nur Sprachen, sondern auch etwas fürs Leben lernen. Eine Mittlerin zwischen den Kulturen mit immer wieder neuen Ideen und Projekten. Eine gute Freundin und aufmerksame Zuhörerin mit feinen Antennen für die Bedürfnisse und Wünsche anderer. Eine offenherzige Gastgeberin und liebevolle Ehefrau.

Ich war bis ins Mark bestrebt, dem Bild zu entsprechen, das ich glaubte, von mir geben zu müssen, um in dieser Welt akzeptiert zu werden. Meinen Platz musste ich mir erst verdienen. Es genügte nicht, so zu sein, wie ich bin. Einfach da zu sein und zu leben. Ich glaubte, nicht gut genug zu sein. Unwürdige Tochter, die nicht so geraten ist, wie die Mutter sie haben wollte. Mangelhafte Schwester, die es nicht schaffte, die Nähe zu ihrer Familie aufzubauen, die sie sich wünschte. Eine Frau, die nicht dazu in der Lage ist, eine lange und stabile Beziehung zu leben. Keine „richtige" Lehrerin. Keine Mutter.

Für meine Daseinsberechtigung musste ich immer mehr machen, immer mehr vorweisen, immer mehr produzieren. Bewusst war mir das nicht. Doch mein Körper hat dieses *Nicht genug* und *Immer mehr* auf seine Weise umgesetzt. Er hat an einer Stelle mehr Masse gebildet. Mein Problem hat auf dem Terrain Form angenommen, wo ich am empfindlichsten bin: in meiner Brust, Symbol für die Beziehung zum Mütterlichen, für den Nestbau, das Nähren, das Geben und Nehmen. Hier war etwas aus dem Gleichgewicht geraten. Hier machte ich mir Vorwürfe. In dem Moment, in dem ich das Untergeschoss meines Hauses mit Kalkmilch strich, habe ich es gespürt. Ich konnte zum ersten Mal ertasten, was sich über viele Jahre in mir eingekapselt hatte."

„Der Bote hat seine Botschaft preisgegeben."

„Er hat mir gesagt, worum ich mich zu kümmern hatte."

„Um Ihre Rolle, ihren Platz in Ihrem Leben."

„Diesen Platz hatte ich nicht wirklich eingenommen. Es war, als ob ich ihn mir immer erst erobern musste, so als stünde er mir nicht zu. Als sei ich nicht legal, nicht richtig. In gewisser Weise habe ich mich immer wieder selbst vertrieben. Meine Strategie war der Rückzug. Das Einkapseln. Die Flucht."

„Steht auf, schnell, und zieht euch warm an! Der Wagen wartet schon!" Es ist kalt und dunkel und noch mitten in der Nacht. Die beiden kleinen Mädchen ziehen sich Hosen, Pullover, Röcke und die dicken Wintermäntel über ihre Schlafanzüge. Jede nimmt sich ihre Lieblingspuppe und das Bettzeug. Schlaftrunken stehen sie im Eingang des Hauses und blinzeln in die Dunkelheit hinaus. Dort herrscht geschäftiges Treiben. Man ist dabei, die Pferde einzuspannen. Der neue Gummiwagen steht voll bepackt in der Hofeinfahrt. Er ist beladen mit allem, was das Überleben der Familie in den nächsten Wochen sichern soll: Kochtöpfe, Konserven und alle Daunendecken des Hauses.

Es ist bitterkalt in diesem Februar, einer der strengsten Winter seit Jahren. Schon seit Wochen beobachten sie die elenden Trecks, die aus dem Osten kommend durch das Dorf ziehen. Erbärmliche, schmutzige Menschen, die alles verloren haben. Denen, die abends kommen, müssen sie Schlafplätze in der Stube herrichten. Mutter bangt um ihre Garnitur, die Mädchen schaudert es vor den Flöhen und Läusen, die die ungebetenen Gäste mitbringen.

Nun sind sie es selbst, die auf den Wagen steigen. Die beiden kleinen Brüder sind schon da. Fast verschwinden sie unter den Federbetten. Der Kleinste ist gerade ein paar Monate alt. Endlich steigt auch die Mutter auf und der Treck setzt sich in Bewegung. Sie hat das Sonntagsgeschirr sorgfältig verschnürt im Garten vergraben und die Haustür abgeschlossen.

Zusammen mit den anderen Dorfbewohnern ziehen sie in Richtung Westen. Auf der Flucht vor der vorrückenden Ostfront irren sie monatelang durch den Winter und überqueren mehrmals die Oder. Mutter melkt nicht wie die anderen die toten Kühe am Straßenrand leer, obwohl sie sonst alles tut, um ihre vier Kinder am Leben zu halten. Eines Morgens wacht sie auf und das Baby in ihren Armen ist tot. Tief graben sich Schrecken und Trauer in das Familiengedächtnis.

„Die Geschichte Ihrer Mutter."

„Ja. Natürlich konnte gerade sie überhaupt nicht verstehen, wie ich immer wieder freiwillig aufbrechen und alles in Frage stellen konnte. Es musste sie an die Zeit erinnern, in der sie sich fremd fühlte, ein schmutziges, wertloses Flüchtlingskind. Sie baute ihr Leben auf materielle Werte, auf Grund und Boden, Sicherheit, Normalität. Ich wollte fliegen lernen."

„Sie wählten den Wandel, das Ungewisse, Ungreifbare."

„Das habe ich. Doch etwas hatte ich dabei vergessen: das Kind, das immer noch den Eltern gefallen will und das den Rückhalt der Familie braucht, gerade wenn es ihr den Rücken kehrt. Auch wenn ich ein Leben führe, das mir entspricht, glaubte ein Teil von mir immer noch, die Werte meiner Familie zu verraten und zu sehr aus dem Rahmen zu fallen. Ich verstand selber nicht, warum ich so anders geraten war. Ich wollte gleichzeitig meinen ganz eigenen Weg gehen und es ihnen recht machen, oder sie zumindest nicht enttäuschen."

„Und das hat nicht funktioniert."

„Beide Seiten haben sich unverstanden gefühlt. Mit dem Unterschied, dass auf der einen Seite nur ich stand und auf der anderen der Rest der Familie. Ich war einerseits eine von ihnen und ihnen andererseits fremd. Immer wieder habe ich mich zurückgezogen, anstatt auf die Welt zuzugehen: Hier bin ich! Wie können wir gemeinsam weiterkommen?"

„Das hat sich mit dem Krebs geändert."

„Ich bin mir darüber bewusst geworden, dass es an der Zeit war, die Teppiche aufzuschütteln und meine inneren Räume zu lüften. Nur so konnte ich sehen, was sich da über lange Zeit angehäuft hatte. Angenehm ist das nicht. Da ist immer die Angst, dass das Versteckte einen anspringt, wenn man die Tür einen Spalt öffnet."

„Doch das tut es nicht."

„Nein. In dem Moment, wo Licht auf eine Sache fällt und sie einem bewusst wird, verschwindet sie von ganz alleine. Zwar stecke ich immer wieder fest und manchmal sehe ich das Licht am Ende des Tunnels nicht. Doch ich weiß jetzt, dass ich diese Passagen nicht vermeiden kann. Das Leben will erlebt, die Materie will durchdrungen werden."

„Das erfordert viel Vertrauen."

„Ich habe das Gefühl, dass das Leben mich trägt. Alles ist richtig so, wie es ist. Ich übe, hinzusehen, zu akzeptieren, was ich sehe, und es sich in dem Licht, das darauf fällt, verwandeln zu lassen. So lerne ich, das Kleine, Schwache, Verletzte, Ängstliche in mir anzunehmen. Das Kind hilft mir dabei."

„Das Kind?"

„Das Kind, das ich einmal war. Das ungeborene Kind, das nun von meinen Schuldgefühlen befreit ist. Das Kind, dessen Erinnerung in der dunklen Ecke des Wohnzimmers meiner Großeltern hing. Das Kind, das den letzten Kriegswinter nicht überlebt hat."

Schweigend gehen wir nebeneinander her. Die Sonne steht inzwischen in ihrem Zenit. Ich spüre den Sand unter meinen Füssen und die Wellen, die sie umspielen. Sonne, Wasser, Luft und Erde. Alles ist da. Jetzt. Ich bleibe stehen, schaue sie an und nehme sie endlich in ihrer vollen Größe wahr. Sie lässt es zu, dass ich in ihren Blick hineintauche und finde, was ich suche.

Schicht um Schicht

„Ich hatte Sie mir anders vorgestellt. Grösser. Imposanter. Dunkler."

„Bedrohlicher?"

„Sie beeindrucken mich. Es gefällt mir, mit Ihnen zu sprechen. Dadurch werden sie so ... menschlich."

„Nicht nur Menschen kommunizieren."

„Sie haben mir den Verbindungsfaden in die Hand gegeben."

„Und Sie haben ihn genommen und Ihre Perlen darauf gezogen."

„Es war mir nicht klar, wie viele Perlen da unten verborgen sind."

Ich sehe sie vor mir. Schimmernde Perlen in verschiedenen Größen, Formen und Farben. Die Familie, in die ich hineingeboren wurde. Das Gefühl der Fremdheit, das mich auf den Weg geschickt hat. Die Unrast, die mich dazu ermutigt hat, weiter zu suchen. Meine großen Lieben, die mich schließlich alle an den richtigen Ort geführt haben.

Ich sehe die Perlen des Durcheinanders, die mir neue Türen geöffnet haben und die Perle des Betrugs, die mich gelehrt hat zu verzeihen. Besonders hell schimmert die Perle des Kindes, das nicht geboren wurde und das mich gelehrt hat, mir selbst zu verzeihen. Die Perle der Krankheit, die mir meine Grenzen gezeigt und den Antrieb gegeben hat, das Licht des Bewusstseins immer tiefer in die innere Dunkelheit hineinzutragen. Sie alle reihen sich nebeneinander auf mein Lebensband.

„Erzählen Sie, wie die Geschichte weitergeht."

„Aber das wissen sie doch."

„Erzählen Sie trotzdem. Erzählen Sie von unserer Begegnung."

Meine Krebstherapie dauert fast ein Jahr. Im Sommer fahren wir nach Stockholm zur Hochzeit unserer Trauzeugen auf eine Insel im Archipelago. Die Zeremonie findet zwischen zwei Birken auf einem Felsen am Strand der Ostsee statt, das anschließende Fest zwischen blühenden und duftenden Fliederhecken. Als der Sommer zu Ende geht, bin ich noch nicht wieder bereit für die Schule. Ich nehme mir die Zeit, die ich brauche.

Krebs bleibt ein großes Thema. Wie ein Damoklesschwert schwebt er über meinem Kopf. Immer wieder muss ich zur Nachuntersuchung. Je mehr Zeit vergeht, desto mehr graut mir vor diesem Moment. Ich habe jedes Mal den Eindruck, vor ein Erschießungskommando zu treten, in der Hoffnung, noch einmal begnadigt zu werden. Wenn es dann noch einmal gut gegangen ist, fühle ich mich nicht wirklich erleichtert. Natürlich finden diese Maschinen nicht alles. Tumore können im wahrsten Sinne des Wortes über Nacht entstehen.
Ich versuche, dem Krebs durch mehr Selbstfürsorge vorzubeugen. Ich passe besser auf mich auf, ziehe Grenzen und begegne mir selbst mit mehr Respekt. Ich arbeite mit verschiedenen Therapeuten, die Körper und Geist als Ganzes begreifen. Doch in meinem Innersten gibt es immer noch jede Menge wildes und unerforschtes Terrain. Und selbst wenn ich exemplarisch leben würde, dann wäre das keine Garantie, keinen Rückfall zu bekommen. Ich werde sterben. Das ist sicher. Ich weiß nur nicht wann und woran.

Das kann ich schreiben, während ich gemütlich an meinem Schreibtisch sitze, eine Katze auf dem Schoss und eine Tasse Tee neben mir. Dann bin ich damit einverstanden, dass mein Leben endlich ist, mein Körper eines Tages vergehen und mein Geist ins große Unbekannte aufsteigen wird. Dann weiß ich, dass mein Wesen wie der tiefe Ozean ist und nicht wie die aufgeregten Wellen, wie der unendliche, tiefe Himmel und nicht wie die eilig vorbeiziehenden Wolken. Doch wenn der Moment dann näher zu rücken scheint, dann bin ich schlagartig Riesenwelle und Sturmwolke.

Als eine elegante Gynäkologin im roten Kostüm mit spitzen Fingern in meiner bisher gesunden Brust einen Knoten ertastet, erfasst mich Panik. Ich vergesse augenblicklich alles, was ich jemals zum Thema Krebs geschrieben habe, alle guten Rateschläge, und mache das Gegenteil: Ich suche die Lösung im Außen. Ich schreibe Einkaufslisten und recherchiere verzweifelt nach irgendetwas, was mich jetzt sofort ganz schnell beruhigt.

Das Schlimmste an meiner Situation ist, dass ich den konventionellen Behandlungsmethoden inzwischen überhaupt nicht mehr traue, aber keine wirkliche Alternative parat habe. In Frankreich, dem Eldorado der Pharmaindustrie, sind natürliche Krebsheilverfahren noch viel schwerer zu finden als in Deutschland. Wenn sich mein Befund als positiv herausstellen sollte, wie erkläre ich dann meinen Ärzten, die zwar sehr nett sind, aber auch sehr auf ihre Methoden eingefahren, dass ich es diesmal anders machen werde? Mein Onkologe belächelt jeden Gedanken, dass Psyche, Gefühle und Seele auch nur im Ansatz etwas mit Krebs zu tun haben.

Wer versucht, sich auf alternative Weise zu heilen, wird gemeinhin für verrückt erklärt. Bei Krebs hört der Spaß auf. Hier wird mit harter Munition geschossen. Jeder kennt jemanden, der jemanden kennt, der es versucht hat, an der traditionellen Behandlung vorbeizukommen und gestorben ist. Auch wenn bekannt ist, dass viele Patienten nicht an der Krankheit, sondern an deren Behandlung sterben, wird das Rezept nicht in Frage gestellt.

Es macht mir weniger Angst, mich mit meinem Krebs auseinanderzusetzen, als mit der Erinnerung an Krankenhausluft, kalte, lange Gänge, ständige Blutabnahmen und Untersuchungen, vermummte Schwestern in Schutzanzügen und Gifte, die in meinen Körper tropfen. Der Gedanke, mich möglicherweise noch einmal dieser lebensbedrohlichen Prozedur zu unterziehen, ist unerträglich.

Es ist nicht die Krankheit, die mir Angst macht, sondern ihre Behandlung. Diese Angst weist mir schließlich den Weg durch den Tunnel. Dort wo die Angst ist, geht es für mich nicht lang. Angst verkrampft. Sie blockiert und spaltet. Um zu heilen und den Schmerz zu lindern, braucht es andere Dinge: Verbindung, Vertrauen, Geborgenheit, Sanftheit, Herzenswärme. Ich verspreche mir, im Falle des Falles eigene Wege zu gehen, und stehe vor dem nächsten Problem: der Angst, erneut etwas in meinem Leben verändern zu müssen und alte und bequeme Gewohnheiten und Verhaltensmuster fallenzulassen.

Kaum etwas macht mehr Angst als der Gedanke an eine Veränderung, für die wir nicht bereit sind. Ihr kann ich nicht entfliehen. Diese Angst kann ich nicht zerstören. Wie ein Stehaufmännchen baut sie sich immer wieder vor mir auf. Wenn ich ihr die Tür vor der Nase zuschlage, kommt sie zum Hinterfenster wieder rein.

Diese Angst heftet sich an mich, als wolle sie etwas von mir. Hat sie mir etwas zu sagen? Ist auch sie Übermittlerin einer Botschaft? Kann ich die Angst annehmen, so wie ich den Krebs angenommen hatte? Kann ich es zulassen, dass sie Form annimmt? Wird sie mich in dem Augenblick loslassen, in dem ich sie akzeptiere?

Ich kann nicht mehr. Ich bin es leid. Ich will nicht mehr kämpfen, mich nicht mehr anstrengen, mich nicht mehr auflehnen gegen das, was ist. Was auch immer jetzt kommt: So sei es. Mein Widerstand bricht zusammen. Ein Satz kommt mir in den Sinn, gegen den ich mich so lange aufgelehnt habe. Es ruft aus mir heraus: Dein Wille geschehe!

Dein Wille geschehe. Daraus spricht kein Resignieren, kein Abgeben von Verantwortung, sondern ein tiefes Vertrauen in die Urkraft des Lebens. Es ist mein freier Wille, mich dieser höheren Macht hinzugeben.

Ich kann es nicht verhindern, dass Stürme auf mich zukommen. Ich habe keinen Einfluss auf das Wetter und den Wellengang. Ich kann nur versuchen, mein Schiff so gut es geht zu steuern. So lasse ich die Illusion los, alles kontrollieren zu können. Ich akzeptiere es, zu sterben, und fühle mich gleichzeitig so sehr im Leben wie nie.

Die Untersuchungen in der Klinik ergeben nichts. Der ertastete Knoten ist nicht mehr da. Doch auf der anderen Seite, da ist vielleicht etwas.

Macht das Damoklesschwert es sich über meinem Kopf gemütlich? Es ist, als spazierte ich an einer Drachenhöhle entlang. Der Drache kann jederzeit herauskommen und Feuer speien. Ich kann ihm nicht entfliehen. Ich kann nicht so tun, als sei er nicht da. Ich kann ihn nicht töten, denn er ist viel grösser und mächtiger als ich. Was bleibt mir also?

Wenn ich ständig mit besorgtem Blick auf den Eingang der Höhle starre, merke ich gar nicht mehr, was sonst noch so um mich herum los ist. Das Leben würde an mir vorbeiziehen, ohne dass ich viel davon mitbekomme, geschweige denn mich daran erfreue. Ich könnte nichts mehr wirklich genießen und würde im Grunde nur noch darauf warten, dass der fatale Moment eintritt, damit ich endlich die Angst los bin. Ich würde überleben, nicht mehr leben.

Es bleibt mir noch eine andere Möglichkeit. Ich kann versuchen, den Blick vom Eingang der Höhle ein wenig zu lösen. Der Drache dahinter ist dann natürlich immer noch da. Doch ich kann auch sehen, was darum herum ist. Da sieht es gar nicht so schlecht aus. Ein bisschen trocken und steinig zwar, aber zwischendurch gibt es auch immer wieder eine Menge verschiedener Pflanzen, Bäume und Kräuter: ein paar Steineichen, Wacholderbüsche und Olivenbäume, wilder Thymian, Lavendel und Rosmarin. Hier und da ein Weinberg, sanfte Hügel und fruchtbare Landschaften, gelegentlich von ein paar Zypressen oder einem Kirchturm unterbrochen.

Nicht weit von der Drachenhöhle entfernt fließt ein Fluss. Ich könnte mich da einen Moment auf einen der Steine setzen, ganz entspannt. Und während ich dann so in der Sonne sitze und mich so fühle, wie ich mich eben gerade fühle, bekommt der Drache in seiner Höhle vielleicht Lust, auch mal nach draußen zu gucken. Wer weiß, vielleicht langweilt er sich ja so ganz allein da im tiefen Dunkeln. Er wartet womöglich nur darauf, dass ab und zu mal einer vorbeischaut.

Vielleicht hängt er einmal alle Vorstellungen von dem, was Drachen zu machen haben und was nicht, an den Haken und setzt sich mit auf den Stein. Es ist ja schon eine Ewigkeit her, dass er sich mal mit jemandem unterhalten hat. Er brennt förmlich darauf, mal ein paar neue Geschichten zu hören und nicht immer wieder die von der Mutter des Hirtenjungen, der im Fluss ertrunken ist oder die vom Teufel, der versucht, den Bau der Brücke zu verhindern.

Natürlich kann er nicht als Drache herauskommen. So würde er alle verschrecken. Doch als Fabelwesen fällt es ihm nicht schwer, eine andere Gestalt anzunehmen. Eine Blume, ein Baum, ein Stein, ein Vogel, eine Perle, ein Tumor oder eine hochgewachsene Frau mit feuerroten Locken. Je nachdem, wie er am ehesten ins Gespräch kommen kann. Denn nur darum geht es im Leben schließlich: ums Kommunizieren. Wie alles Lebendige will er vor allem wahrgenommen werden, in Verbindung treten und austauschen. Deshalb spuckt er bisweilen Feuer. Das ist eben seine Art, auf sich aufmerksam zu machen.

Die kriegerischen und eitlen Ritter, die mit scharfem Geschütz tollkühn auf ihn zu galoppieren, kann er leicht vernichten. Ein Prankenschlag nur, eine Flamme, und es ist aus. Diejenigen, die den Drachen zähmen, sind nicht die Lautstarken und Großspurigen, sondern die Freundlichen mit dem reinen Herzen. Jedes Kind weiß, dass sie den Schatz finden und die Prinzessin heiraten. Denn wo ein Drache ist, da ist auch ein Schatz. Mit Klauen und Zähnen bewacht er ihn und riskiert für ihn sogar sein eigenes Leben. Niemand soll an den Schatz herankommen, denn er ist unbeschreiblich wertvoll. Niemand soll ihn entdecken, niemand ihm sein Geheimnis entreißen. Nur ein einziger Mensch darf ihn finden: Der Mensch, der den Schatz wirklich zu schätzen weiß.

Er greift den Drachen nicht an, sondern begegnet ihm mit Respekt und beugt sich vor der hohen Aufgabe, die er vertritt. Vielleicht beginnt dieser Mensch, sich mit dem Drachen zu unterhalten. Vielleicht folgt er der Einladung, ihm seine Geschichte zu erzählen. Vielleicht wagt er es, seine Schutzschilder und Masken zu senken und dem Drachen in seiner Verletzlichkeit zu begegnen. Und wenn er dann mit offenem Herzen vor ihm steht, hingegeben an sein Schicksal, dann wird der Drache vielleicht bereit sein, den Schatz freizugeben.

Ich stehe allein in der Nachmittagssonne. Zu meinen Füssen sehe ich etwas aufblitzen. Es ist das Schwert, das über meinem Kopf geschwebt hat. Ich nehme es in die Hand und spüre, dass es nicht zum Töten dient. Dieses Schwert soll mir dabei helfen, mich von Überflüssigem zu befreien: von meinen Widerständen gegen das, was ist, von meinen alten Mustern und Glaubensvorstellungen, meinen harten und undurchlässigen Schichten, die das Licht daran hindern, hindurch zu scheinen. Dieses Schwert steht für die Freiheit, die mir geschenkt wurde. Es hilft mir, mich zu positionieren und zu meiner wahren Größe aufzurichten. Mit diesem Schwert an meiner Seite, das weiß ich jetzt, schütze ich meinen kostbarsten Schatz von nun an alleine.

...

Die Erinnerung an meinen Krebs, der so tapfer in die Tiefen getaucht ist und unermüdlich nach Perlen gesucht hat, zieht mich schließlich hin zum Wasser. Ich bin bereit, mich vollständig von ihm umfangen zu lassen. Langsam gehe ich hinein. Das Meer, *la mer*, die Mutter empfängt mich mit liebevollen Armen und ich lasse mich voll und ganz darauf ein. Ich schwimme hinaus, drehe ich mich auf den Rücken, breite die Arme aus und lasse mich von ihr tragen.

Epilog

In meinen Träumen begegnet mir manchmal eine Perlentaucherin. Sie ist nicht alleine. Ein Engel, ein Ritter, ein Kind und ein Drache begleiten sie. Der Engel verleiht ihr Flügel und der Ritter gibt ihr Wurzeln. Beide erinnern sie daran, dass sie immer nur so hoch fliegen kann, wie sie im Boden verankert ist. Das Kind steckt sie mit seiner Neugierde und seiner Begeisterung an und öffnet ihre Sinne für den Klang ihrer Gefühle. Sie sind die Brücke zwischen ihrem Körper und ihrem Geist, denn sie geben dem Unsichtbaren Form. Sie sind ihre Wegweiser, welche Form auch immer sie annehmen.

Über ihr Fühlen lernt sie, dass sie sich nur dann von etwas befreien kann, wenn sie es wirklich akzeptiert und in ihr Leben integriert. Sie weiß, dass sie dem, was ihr begegnet, nicht ausweichen kann, denn das Leben will voll und ganz erlebt werden. Ihr Drache aber wacht darüber, dass sie sich dann, wenn es darauf ankommt, ihres Schwertes bedient, damit Überflüssiges sich auflösen und heilendes Licht durch ihre inneren Landschaften fließen kann.

...

In unserem Leben, so schrieb die junge jüdische Philosophin Etty Hillesum in ihr Tagebuch, bevor sie von den Nazis ermordet wurde, haben wir nur eine einzige moralische Verpflichtung: in uns selbst Lichtungen des Friedens und der Harmonie zu schaffen, dieses Licht von Mensch zu Mensch weiterzutragen und in der ganzen Welt zu verbreiten.
Aus diesem Gedanken schöpfe auch ich meine Lebensenergie.
Mein Drache mahnt mich, ihn nicht aus den Augen zu verlieren und nicht davon abzulassen, meine inneren Landschaften zu pflegen und zu schützen. Er hilft mir dabei, dass mein Ego nicht das Zepter übernimmt. Durch mich sollen keine Opfer und keine

Schuldigen hindurchtrampeln und alles in eine Wüste verwandeln. Hier soll nicht gerechtfertigt und verurteilt werden, sondern Verantwortung übernommen für das, was gerade geschieht. Was auch immer es ist.

Die Familie, in die ich hineingeboren wurde, die Umstände meiner Kindheit, die Wellen, die mein Erwachsenwerden begleiten, die Trennungen, Konflikte, Verluste, Unfälle, Krankheiten – sie gehören zu meinem Leben. Ich kann nicht wissen, aus welchem tiefen Grund heraus die Dinge tatsächlich geschehen. Wer bin ich, um die Zusammenhänge durchschauen zu können? Was ich zu tun habe, ist, die Geschehnisse zu empfangen. Ich muss nicht alle Gäste hineinlassen. Doch ich kann ihnen die Tür öffnen und mir anhören, was sie zu sagen haben.

Was auch immer bei mir anklopft – ich habe die Macht, meine Haltung zu wählen. Niemand anderes hat darüber zu bestimmen, wie ich mich zu verhalten habe. Ich bin eine Frau, ein Mensch, und ich unterstehe nur einer einzigen Autorität: meiner eigenen.

So kann ich mich in dieser verrückten, aus den Fugen geratenen Welt orientieren, in dieser zu Ende gehenden Zivilisation, die uns alle vor größte Herausforderungen stellt. Wir können nicht verändern, was schon geschehen ist. Das, was wir vor Augen haben, ist, was es ist, welchen Namen wir ihm auch geben. Doch wir haben immer die Möglichkeit, die Monster, die uns auf unserer Reise begegnen, nicht zu nähren, und unser Lebensschiff in Richtung des Lichts der aufgehenden Sonne zu lenken

Das hat mich mein Krebsdrachen gelehrt. Er hat mich dazu gebracht, die Lösungen für meine Probleme nicht im Außen zu suchen, sondern in mir, in meinem Reich, dort, wo ich etwas verändern kann. Hier allein. Mit seiner Hilfe konnte ich mich aus einer zu eng gewordenen Korsage befreien und mich entfalten. Nur Mut! höre ich ihn sagen. Hinein in das eigene Unbekannte! Es ist Zeit, die alten Häute abzustreifen und sich zur vollen Größe aufzurichten!

Puilacher im Frühjahr 2021